KÖNIGS ERLÄUTERUNGEN SPEZIAL

Filmanalyse zu

Clint Eastwood

# GRAN TORINO

Stefan Munaretto

*Bange*
Verlag

**Über den Autor dieser Erläuterung:**
Stefan Munaretto unterrichtet Deutsch und Englisch an einem Gymnasium in Braunschweig. Als Autor von Interpretationen und Lernhilfen zur Literatur und zum Film hat er mehrere Bücher veröffentlicht. Eine Neuausgabe von *Wie analysiere ich einen Film? Das Standardwerk zur Filmanalyse* erschien 2014 im C. Bange Verlag.

2. Auflage 2019
**ISBN: 978-3-8044-3127-0**
PDF: 978-3-8044-5127-8, EPUB: 978-3-8044-4127-9
© 2017 by C. Bange Verlag GmbH, 96142 Hollfeld
Titelabbildung: Clint Eastwood in *Gran Torino* © akg-images / Album /
Double Nickel Entertainment / gerb
Alle Rechte vorbehalten!
Druck und Weiterverarbeitung: Tiskárna Akcent, Vimperk

## VORWORT

Clint Eastwoods Film *Gran Torino* erzählt eine Geschichte von
schlichter Eleganz, die an komplexe Themen rührt. Der Erfolg des
Films beweist, dass es ein Bedürfnis nach Spielfilmen gibt, die uns
zum Nachdenken darüber anregen, wie wir in Zukunft zusammen
leben wollen und welche Vorbilder uns weiterbringen in einer Zeit,
in der die Gesellschaften in den USA wie in Europa besorgnis-
erregend auseinanderdriften und ethnische und soziale Spannungen ihre Grundlagen angreifen.

Mit dem amerikanischen Wahlkampf von 2016 und der Präsi-
dentschaft von Donald Trump ist dem Film nun eine ganz neue
Aktualität zugewachsen. Man kann ihn in seiner ersten Hälfte als
eine Vorstudie und in seinem zweiten Teil als einen Gegenentwurf
zu dem auffassen, was in Amerika geschehen ist. Die Vorstudie
widmet sich einem der sprichwörtlich gewordenen zornigen weißen Männer aus einer der einstmals blühenden und jetzt herun-
tergekommenen Industriemetropolen des Mittleren Westens, der
sich nur noch fremd und abgehängt im eigenen Land fühlt. Walt
Kowalski, der Protagonist, ist so kaputt wie die Straßen und Häuser
seines Viertels von Detroit. Er reagiert seine Wut über den eigenen
Zustand und den der Welt an den asiatischen Einwanderern ab,
die neben ihm wohnen. Am Anfang schwebt über Walt noch der
Geist von Dirty Harry, des „Man with No Name" und der anderen
einsamen Rächer, die in früheren Jahrzehnten Jagd auf Verbrecher
machten und mit dem Namen des Darstellers synonym waren.
Auch Walt hat zuerst noch deren düsteren Blick, ihre Aggressivität
und Rücksichtslosigkeit. Dann aber nimmt er eine überraschende
Entwicklung, von der Eastwood unwiderstehlich und glaubwürdig erzählen kann, weil sie eng verwoben ist mit seiner eigenen.
Die Abkehr von der Gewalt und ihrer Faszination ist das Ergebnis

einer jahrzehntelangen Auseinandersetzung damit in zahllosen Filmen. Im zweiten Teil verwandelt sich Walt in die Antithese des „tough guy" aus Eastwoods frühen Werken, und *Gran Torino* wird zu einem Plädoyer für Gemeinschaftsgeist, Versöhnung, Sanftmut und Nächstenliebe.

Dass es auf die gesellschaftlichen Versäumnisse, die im Populismus zum Ausdruck kommen, nicht die ersehnten einfachen Antworten gibt, zeigt am besten die Person Clint Eastwood in ihrer Widersprüchlichkeit selbst. Seine Empfehlung, den Kandidaten Donald Trump zu wählen, scheint mit dem Geist von *Gran Torino* schwer vereinbar zu sein[1]. Trump wiederum inszeniert sich selbst im Stil einiger älterer Eastwood-Figuren als raubeiniger Outsider, der es allein mit einem übermächtigen System (in diesem Fall Washington) aufnimmt. Im Vergleich zu einem Charakter wie Walt Kowalski fehlt Trump allerdings etwas Entscheidendes. Die Ethik, die *Gran Torino* zugrunde liegt, basiert auf dem Wunsch, Grenzen zwischen Menschen aufzuheben und alte Wunden zu heilen, während der neue Präsident ausdrücklich unversöhnlich ist und als Denkmuster ein „Wir gegen sie" bevorzugt. Entscheidend bei einer Figur wie Walt ist, dass er sich verändert und Einsicht in seine eigene Fehlbarkeit erlangt. Auch das ist für Eastwood ein unverzichtbarer Bestandteil von Männlichkeit und etwas, das an Trump noch nicht festgestellt wurde (Stand Juni 2017). *Gran Torino* hat unabhängig von den besonderen Zeitumständen Bestand, aber wer das Amerika von heute verstehen will, findet in dem Film jedenfalls einen guten Ansatzpunkt.

---

1    Hainey, Michael: *Clint and Scott Eastwood: No Holds Barred In Their First Interview Together.* In: *Esquire online,* August 3, 2016. http://www.esquire.com/entertainment/a46893/doub e-trouble-clint-and-scott-eastwood/ (Stand Mai 2017). Zur Kritik vergleiche: Leight, Elias: *Clint Eastwood Defends Trump's Racist Rhetoric: ‚Just F-cking Get Over It'.* In: *Rolling Stone online,* August 4, 2016. http://www.rollingstone.com/politics/news/clint-eastwood-defends-donald-trumps-racist-rhetoric-w432695 (Stand Mai 2017).

## 1. HINTERGRUND

### Clint Eastwood

Clint Eastwood ragt heraus unter den Filmemachern Hollywoods. Die Karriere des Schauspielers und Regisseurs (*1930 in San Francisco) überspannt mittlerweile sechs Jahrzehnte und lässt sich grob in drei Phasen einteilen:

→ Phase 1 (1959–1966): Erste Erfolge in den USA als Darsteller in einer Western-Fernsehserie und Einstieg in eine internationale Filmkarriere mit Italo-Western,

→ Phase 2: (1966–1992): etablierter Filmstar, spezialisiert auf die Genres Western und Kriminalfilm; Einstieg in eigene Regietätigkeit,

→ Phase 3: (1992–heute): Aufstieg zum hochangesehenen Regisseur und Oscar-Preisträger mit *Erbarmungslos*.

Popularität erlangte Eastwood zuerst als ungestümer Cowboy Rowdy Yates in der Fernsehserie *Rawhide*, die von 1959 bis 1966 produziert wurde und klassische Western-Themen verhandelte. Fast in jeder Folge ging es um die Abenteuer und Herausforderungen während eines Viehtriebs durch die Weiten des amerikanischen Westens. *Rawhide* steht in der Tradition des klassischen Western-Genres, welches das harte Leben der Siedler, Cowboys und Pelztierjäger glorifiziert, die im 19. Jahrhundert den Westen eroberten. In dieser Pionierzeit entwickelte sich der individualistische Sozialtypus, der vielen US-Bürgern bis heute als vorbildlich erscheint. Zum Modell des idealen Mannes schlechthin wurde der Westerner erst zwischen 1930 und 1950 durch das Kino erhoben. Darsteller wie John Wayne und Gary Cooper verkörperten das Ideal in seiner reinsten Form, als ritterlichen, stoisch-entschlossenen

**Erste Phase**

Mann mit moralischem Kompass, der am liebsten in der Gesellschaft anderer Männer in der endlos weiten Landschaft unterwegs ist. Ihre eigentliche Aufgabe bestand darin, Gesetz und Ordnung in der Wildnis durchzusetzen. Dabei zögerten sie nicht, die Sicherheit der ihnen anvertrauten Menschen mit Waffengewalt zu verteidigen. In fast allen von Clint Eastwood gespielten Figuren sind mehr oder weniger deutliche Spuren dieses Typus zu finden.

Schon bevor die letzte Staffel von *Rawhide* ausgelaufen war, hatte Eastwood über den Umweg Europa eine Karriere beim Spielfilm begonnen. Sein Mitwirken in Sergio Leones Italo-Western-Trilogie (1964–1966) machte ihn auch international bekannt. Zu dieser Zeit war die Phase der Heldenepen im Western schon vorbei. Mit der Gesellschaft hatte sich auch das Genre verändert und begonnen, seine eigenen Mythen kritisch zu hinterfragen. Als Hauptfiguren bekam das Publikum nun ambivalente Gestalten zu sehen, eher Antihelden als Helden und manchmal nicht komplett von den Bösen zu unterscheiden. Die Schweigsamkeit, der grüne Poncho und die Zigarillos des namenlosen Revolverhelden und Kopfgeldjägers aus Leones *Dollar-Trilogie* wurden für eine Zeitlang so etwas wie Markenzeichen für Eastwood.

**Zweite Phase**

In der zweiten Phase seiner Karriere spielte Clint Eastwood in zahlreichen populären Filmen mit. Bis heute identifizieren ihn viele vor allem mit der Rolle des Polizeidetektivs Harry Callahan in *Dirty Harry* (1971), einem brutalen, zur Selbstjustiz neigenden und von Kritikern als „faschistisch" etikettierten Cop. Mitten in San Francisco, der Hauptstadt der Hippies und des liberalen Amerika, machte dieser unbarmherzig Jagd auf einen Serienmörder. Jetzt war Callahans großkalibriger Revolver, eine 44er Magnum, der Gegenstand, der Eastwoods Leinwandpersönlichkeit am meisten zu definieren schien.

Der *Dirty-Harry*-Regisseur Don Siegel förderte die Ambitionen seines Hauptdarstellers, selbst hinter die Kamera zu treten. Noch im selben Jahr wie *Dirty Harry* kam *Sadistico (Play Misty for Me)*, Eastwoods erste Regiearbeit, heraus. Ab jetzt waren seine Charaktere komplexer und differenzierter. Die Männer, die Eastwood in seinen eigenen Filmen meistens auch selbst spielte, sind oft mysteriöse Gestalten, denen das Leben tiefe Wunden geschlagen hat. Manche suchen nach Erlösung von einer Schuld aus der Vergangenheit, oder sie haben sich von ihrer Familie oder alten Freunden entfremdet, ohne dass man genau erfahren würde, weshalb.

Clint Eastwood in *Dirty Harry* (1971) © picture-alliance / Mary Evans Picture Library

In *Pale Rider* (1985) und *Erbarmungslos* (Originaltitel: *Unforgiven*), dem Film, mit dem 1992 der Durchbruch zum angesehenen Filmemacher und Oscar-Preisträger gelang, blieb Eastwood noch dem Western-Genre treu. Beides sind sogenannte alternative oder revisionistische Western, die ein düsteres und realitätsnahes Bild der Epoche zeichnen, statt den Westen zu romantisieren. Darin entzaubert er überlieferte Vorstellungen von der Geschichte des amerikanischen Mannes schon an ihrem Ursprung, denn diese Filme zeigen, mit welcher Brutalität gegen Menschen und Natur die Siedler das Land in Besitz nahmen.

**Dritte Phase**

*Erbarmungslos* bedeutete endgültig den Durchbruch zum angesehenen Regisseur. Der Film wurde für neun Oscars nominiert und gewann vier, unter anderem für den besten Film und die beste Regie. Der Film markierte einen weiteren Wendepunkt in Eastwoods Entwicklung. Während ihm seit den *Dirty-Harry*-Zeiten häufig Gewaltverherrlichung unterstellt wurde, war seine Haltung zum Waffengebrauch nun zweifelsfrei kritisch. [2] Anschließend wandte sich Eastwood vom Western ab. Aber seine Filme wurden weiterhin von männlichen Charakteren und Themen dominiert, so zum Beispiel *American Sniper* (2014), Eastwoods kommerziell erfolgreichster Film, in dem Bradley Cooper unter seiner Regie den Scharfschützen Chris Kyle spielt (*Gran Torino* erzielte das zweitbeste Einspielergebnis, dicht gefolgt von dem Pilotendrama *Sully* aus dem Jahr 2016). Unabhängig vom Genre hat sich ein klassischer Eastwood-Charakter herausgebildet. Auch der pensionierte und verwitwete Autoarbeiter Walt Kowalski in *Gran Torino* weist Züge auf, die man schon von anderen Protagonisten wie dem Secret-Service-Agenten

---

2   Vgl. Hoffman, Karen D.: *Giving Up the Gun. Violence in the Films of Clint Eastwood*. In: McClelland, Richard T. und Brian B. Clayton: *The Philosophy of Clint Eastwood*. The University Press of Kentucky: Lexington, Ky., 2014. S. 131–156.

Frank Horrigan aus *In the Line of Fire* (1993) oder dem Boxtrainer Frankie Dunn in *Million Dollar Baby* (2004) kennt. Mit dem klassischen Western-Helden verbindet die Männer in Eastwoods Filmen bis heute, dass sie nie durch feste Bindungen daran gehindert werden, ihre Ziele zu verfolgen. Liebesbeziehungen spielen keine entscheidende Rolle (außer in *The Bridges of Madison County*, 1995). Meistens bietet die Handlung dem Protagonisten die Möglichkeit zur Bewährung, zum Beispiel, indem er sich (zunächst widerstrebend) als Mentor für einen jungen, unerfahrenen Charakter zur Verfügung stellt. Seit *Erbarmungslos* mit dem abgenutzten Western-Söldner William Munny geht es in Eastwood-Filmen zunehmend auch um das Problem, was aus dem Individualisten und Einzelgänger im Alter wird.

In der Gesamtschau ist Clint Eastwoods Bild von Individuum und Gesellschaft ambivalent. Das „altmodische" amerikanische Leitbild des rauen Einzelgängers wird nicht vollständig verworfen, aber gleichzeitig zeigen seine Filme, dass ein reiner Individualismus den Horizont verengt. So begleitet und deutet Eastwood den schmerzhaften Bewusstseinswandel einer Nation, deren Lebensweise und Wertvorstellungen sich im Umbruch befinden. Dass Clint Eastwood so tief in der amerikanischen Psyche wurzelt, erklärt sich aber nicht aus seinen Charakteren und Geschichten allein. Diese eignen sich als Projektionsfläche für die Sehnsüchte und Ängste von Millionen, weil der Mensch Eastwood selbst mit seiner Leinwandpersönlichkeit zu einem einzigen Ganzen verschmolzen ist. Als Privatmann und als Geschäftsmann wirkt er genauso ungebunden und eigenwillig wie seine Filmhelden. Es ist bekannt, dass Eastwood sieben Kinder von fünf Frauen hat. Künstlerisch hat er sich seit 1967 mit der Gründung seiner eigenen Produktionsfirma Malpaso ein großes Maß an Unabhängigkeit von den großen Hollywood-Studios gesichert. Auch seine Unter-

Ambivalentes Bild von Individuum und Gesellschaft

stützung für die Republikanische Partei bestätigt seinen Sonderstatus innerhalb des Showbusiness, das in seiner überwiegenden Mehrheit der Demokratischen Partei zuneigt. Andererseits hat sich Eastwood auch schon Forderungen von Demokraten angeschlossen, etwa nach mehr Umweltschutz und nach schärferer Waffenkontrolle. Aufgrund dieser Gegensätze in seinen Filmen und seiner Person bietet er Identifikationspotenzial sowohl für Liberale wie für Konservative in dem entlang dieser Linien tief gespaltenen Land.

**Imponierende Präsenz**

Clint Eastwood ist vermutlich der letzte Filmstar, der noch völlig mit dem identifiziert wird, was er im Kino repräsentiert. Zuerst als „Man with No Name" und „Dirty Harry", später als reumütiger und dann rückfälliger Outlaw in *Erbarmungslos*, immer aber als „American Rebel"[3], wie eine Biografie über ihn betitelt ist, hat er sich den Status eines kulturellen Phänomens und einer lebenden Legende erworben. Darin unterscheidet er sich von einem jüngeren Star wie Leonardo DiCaprio, der auch charismatisch ist, in erster Linie aber als großer Schauspieler überzeugt und sich in die unterschiedlichsten Charaktere einfühlen kann. Eastwood hingegen spielt minimalistisch, wirkt oft ausdruckslos und bedient sich aus einem begrenzten Repertoire an mimischen Mitteln. Er blinzelt, zieht die Augen zu schmalen Schlitzen zusammen, mahlt mit den Kiefern, wirft die Stirn in Falten, hält Blicken unerträglich lange stand, spuckt aus usw. Seine Faszinationskraft entstammt in erster Linie seiner imponierenden Präsenz, zu der auch sein lakonischer Humor gehört sowie der aufrechte Gang bei 1,93 Meter Körpergröße. Damit beeindruckt er auch noch als 78-Jähriger in *Gran Torino*.

---

3    Eliot, Marc: *American Rebel. The Life of Clint Eastwood.* Harmony Books: New York, 2009.

**Mit *Gran Torino* vergleichbare Filme**

Die Figur des griesgrämigen alten Mannes, der am Ende menschenfreundlich wird, trifft man im Kino zunehmend häufig an. Diese Filme entstehen vor dem Hintergrund des demografischen Wandels. Wenn der Ruhestand angesichts der stark erhöhten Lebenserwartung noch zwanzig Jahre und mehr beträgt, kann der Einzelne mit 65 nicht aufhören, sich für andere Erfahrungen zu öffnen. Die Welt um die Protagonisten herum hat sich rasant verändert und zwingt sie, alte Gewissheiten auf den Prüfstand zu stellen, damit sie noch einmal am Leben teilnehmen können. Fast immer leitet eine Trennung oder der Tod der Ehefrau eine Krise ein, und meistens erweist sich die Konfrontation mit fremden Kulturen und ungewohnten Formen des Zusammenlebens als Katalysator für einen Neuanfang. So spielt Richard Jenkins in *Ein Sommer in New York – The Visitor* (2007) einen verwitweten Wirtschaftswissenschaftler, in dem die Begegnung mit einem von der Abschiebung nach Syrien bedrohten Musiker wieder Lebenslust und Kampfgeist weckt.

*About Schmidt* (2002) mit Jack Nicholson und *Broken Flowers* (2005) mit Bill Murray sind als Roadmovies inszeniert. Die meisten dieser Filme sind Tragikomödien mit grotesken Elementen. Das trifft auch auf *Song for Marion* (2012) mit Terence Stamp zu und auf *St. Vincent* (2014), wiederum mit Bill Murray, und die schwedische Variante *Ein Mann namens Ove* (2015) mit Rolf Lassgård.

## Angry White Men

Untergang einer
althergebrachten
Lebensweise

*Gran Torino* führt mitten hinein in das Phänomen der „Angry White Men". Dieser zum Stereotyp gewordene Begriff bezeichnet eine bestimmte Gruppe von männlichen Weißen ohne gehobenen Bildungsabschluss. Viele dieser wütenden weißen Männer hatten früher gut bezahlte Jobs in der Industrie. Jetzt sind sie arbeitslos oder verrichten weniger angesehene Arbeit zu niedrigen Löhnen und in unsicheren Beschäftigungsverhältnissen. Besonders stark verbreitet ist die Wut in der weißen Arbeiter- und Mittelschicht im sogenannten Rust Belt, der großen industriellen Kernregion im Nordosten mit den Staaten Ohio, Pennsylvania, Wisconsin und Michigan. Hier liegt auch Walts Heimatstadt Detroit. Viele der Kohlegruben, Stahlwerke und Autofabriken des „Rostgürtels", die früher den Wohlstand des Landes begründet haben, existieren heute nicht mehr. Die Auswirkungen dieser Deindustrialisierung auf das Selbstbewusstsein und den Lebensstandard der Menschen sind verheerend. Es ist ein Milieu entstanden, in dem sich viele nutzlos und ihrer Würde beraubt fühlen und in dem die Identitätskrise der Weltmacht USA am stärksten zum Ausdruck kommt. Dazu gehört auch die Furcht vor dem Untergang einer althergebrachten Lebensweise und Form von Männlichkeit, die viele der „angry white men" durch den gesellschaftlichen Wandel bedroht sehen. Die Globalisierung, die Frauenemanzipation und schärfere Waffengesetze lehnen sie vollständig ab. Sie glauben, dass sie ihr Bestes gegeben haben, fühlen sich aber nun von Amerika im Stich gelassen und haben den Eindruck, dass ihre Fähigkeiten nicht mehr gebraucht und respektiert werden.

Dabei ist zu beobachten, dass zahlreiche der von sozialem Abstieg und anderen Veränderungen betroffenen Weißen ihre Wut auf Gruppen richten, die mit ihrer Lage wenig oder gar nichts zu tun haben, meistens auf Immigranten, Schwarze und Homo-

sexuelle[4]. Die etablierte Politik hatte das Ausmaß der Unzufrie-
denheit dieser Männer bis zuletzt unterschätzt, obwohl es seit
Jahren Warnzeichen gegeben hatte wie den Erfolg der extremen
Tea-Party-Bewegung innerhalb der Republikanischen Partei und
das Wiederaufflammen gewaltsamer Rassenkonflikte. 2016 musste
sie dann erleben, wie der populistische Kandidat Donald Trump
auf einer Woge des Zorns bis ins Weiße Haus getragen wurde.
Trumps Slogan „Make America great again" verstanden zahlreiche seiner Anhänger auch als Versprechen, dass nach acht Jahren
unter einem schwarzen Präsidenten die alten Verhältnisse wieder
in Kraft gesetzt würden.

Ein wütender
alter Mann hält
die Stellung.
© picture
alliance / Mary
Evans Picture
Library

---

4  Vergleiche zu dem Thema: Kimmel, Michael: *Angry White Men: American Masculinity at the End of an Era.* National Books: New York, 2013.

Am Anfang des Films ist auch Walt Kowalski ein „angry white man". Seine alte Welt ist in Trümmer zerfallen, aber er weigert sich fortzuziehen, weil er von seinem Selbstverständnis her ein stolzer Autoarbeiter geblieben ist. Sein Zorn trifft aber ebenfalls in erster Linie die Einwanderer in seiner Umgebung: Er klammert sich an die Zeit, als die Weißen unangefochten im Land dominierten, und repräsentiert den Widerstand gegen das buntere neue Amerika, mit dem er jeden Tag vor seiner Haustür konfrontiert wird. Walts rassistische Sprüche ähneln denen, die Wutbürger jetzt auf Twitter und Facebook posten. Der Film, der 2008 herauskam, macht deutlich, dass der Widerstand gegen die wachsende kulturelle Vielfalt und gegen mehr Rechte für Minderheiten sich schon damals formierte. Es war das Jahr, als Barack Obama Präsident wurde. Gleichzeitig erreichte die weltweite Finanzkrise ihren Höhepunkt und gab der Abstiegsangst in der amerikanischen Mittelschicht und Arbeiterklasse den entscheidenden Schub.

### Die Volksgruppe der Hmong

Die indigenen Hmong leben verstreut über mehrere Länder Südostasiens, und dort überwiegend in entlegenen Dschungel- und Bergregionen. Nur in China, wo es mit über drei Millionen Mitgliedern die größte Hmong-Minderheit gibt, werden sie offiziell als eigenständige Nationalität anerkannt. Während des amerikanischen Vietnamkriegs rekrutierte der laotische General Vang Pao im Auftrag der CIA über 30.000 Hmong als Guerillakämpfer für eine Geheimarmee. Diese wurden in dem eigentlich neutralen Laos stellvertretend für die US-Armee gegen die kommunistische Pathet-Lao-Widerstands-

5 ERZÄHL-
STRATEGIEN

6 FILMSPRACHE

7 MUSIK
UND TON

8 REZEPTION

9 ENGLISH
ABSTRACT

gruppe und die dort intervenierende nordvietnamesische Armee eingesetzt. Die Verluste unter den Hmong-Soldaten, viele davon noch im Kindesalter, waren extrem hoch.

Nach dem Krieg und dem Rückzug der Amerikaner traf die gesamte Volksgruppe die Rache der Regierung von Laos. Um der Verfolgung und Ermordung zu entgehen, flohen viele Hmong aus dem Land. Die in Laos verbliebenen 450.000 Hmong sind bis heute der Diskriminierung ausgesetzt. Die USA nahmen in mehreren Wellen Hmong-Flüchtlinge auf. Heute gibt es über 250.000 Hmong Americans, überwiegend in den Bundesstaaten Kalifornien, Minnesota und Wisconsin. Seit infolge der Anschläge vom 11. September 2001 die Einreisebedingungen in die USA verschärft wurden, sind die Hürden für den Nachzug weiterer Hmong aber sehr hoch.

Großes Wutpotenzial findet sich auch bei zahlreichen Veteranen der Kriege, welche die USA nach dem Zweiten Weltkrieg zunächst vor allem in Asien und später im Irak und in Afghanistan führten. Viele dieser Männer (und seit dem Golfkrieg von 1990 auch Frauen) hat die Erfahrung extremer Gewalt nachhaltig erschüttert und dem Alltag in der Heimat entfremdet. Sie haben Schwierigkeiten mit der Wiedereingliederung in Familie und Berufsleben. Soziale Probleme, vor allem Arbeitslosigkeit und Obdachlosigkeit, sind in dieser Gruppe überdurchschnittlich verbreitet. Durch die physischen und psychischen Wunden aus dem Krieg ist das Selbstmordrisiko stark erhöht. Schwer kontrollierbarer Zorn ist ein Symptom der posttraumatischen Belastungsstörung, von der ca. 20 % der

Großes Wutpotenzial bei Kriegsveteranen

Kriegsheimkehrer aus dem Irak und Afghanistan betroffen sein sollen. Er kann sich gegen eine Bevölkerung und gegen staatliche Institutionen richten, die ehemaligen Soldaten scheinbar oder tatsächlich ohne Verständnis begegnen. Auch Walt Kowalskis Zorn wird zu einem großen Teil durch Erfahrungen im Koreakrieg (1950–1953) verursacht. Schuldgefühle, Schlaflosigkeit und Flashbacks, also unwillkürliches Wiedererleben der nicht verarbeiteten Gewalterlebnisse, sind seither seine ständigen Begleiter. Die jungen Asiaten aus der Volksgruppe der Hmong in seiner Nachbarschaft rühren seine Erinnerungen wieder auf und erzeugen eine heftige innere Abwehr in ihm. Walt ändert sich allerdings, als er die fremden Nachbarn und dabei auch sich selbst näher kennenlernt. Die entscheidende Botschaft von *Gran Torino* lautet, dass ein unbeherrschter, wütender Mann niemals im Hass und in der Abschottung Erleichterung finden wird. Walt erkennt, dass es besser ist, sich auf die veränderte Welt einzulassen. Am Ende seines Lebens sucht er die Ideale Amerikas nicht mehr bloß in seinesgleichen, sondern in jedem, der sie mit Leben erfüllt. In diesem Falle ist das eine Familie von asiatischen Einwanderern.

### Detroit

Mit der Wahl Detroits als Schauplatz lenkt der Film die Aufmerksamkeit besonders auf die zwei im vorhergehenden Abschnitt genannten Probleme der US-Gesellschaft: erstens die Deindustrialisierung des amerikanischen Nordostens und zweitens den Rassismus. Beide Erscheinungen sind in Detroit viel schärfer hervorgetreten als in anderen Großstädten.

Pulsierende Metropole bis Ende der 1960er Jahre

Walt Kowalski hat noch die Zeit erlebt, als die sogenannte Motor City eine pulsierende Metropole mit belebten Boulevards nach Pariser Vorbild war, nicht der Musterfall von urbanem Zerfall, Arbeitslosigkeit, Armut und einer hohen Kriminalitätsrate. Noch in der Mitte des 20. Jahrhunderts war Detroit die viertgrößte Stadt der USA und Heimstatt der Autogiganten Ford, General Motors und Chrysler. Das Selbstbewusstsein der Bewohner drückte sich in dem Beinamen „Engine of the World" aus und architektonisch in einer markanten Skyline und Hochhäusern in den unterschiedlichsten Baustilen von Neo-Renaissance bis Art déco und Moderne. In den Sechziger- und Siebzigerjahren definierte der Motown-Sound musikalisch das Lebensgefühl einer Generation im Aufbruch. Die R&B- und Soul-Hits der Supremes, der Isley Brothers, von Stevie Wonder, Marvin Gaye, Michael Jackson und vielen anderen wurden hier produziert. Aber auch die Punkrocker von MC5 und die Stooges mit Iggy Pop begannen ihre Karriere in Detroit. Während der Bürgerrechtsbewegung der Sechzigerjahre gingen von Detroit auch starke politische Impulse aus; Martin Luther King hielt hier vor 25.000 Zuschauern eine seiner wichtigsten Reden.

Am Ende der Sechziger begann der beispiellose Abstieg der Stadt. Heute werden hier kaum noch Autos produziert, die Einwohnerzahl fiel von einstmals 1,8 Millionen (1950) auf nur noch 680.000 im Jahr 2016, wobei die Arbeitslosenquote weit über dem Landesdurchschnitt liegt. Teile von Detroit wirken jetzt wie eine Geisterstadt. Schaufenster sind zugenagelt, ganze Straßenzüge, auch ehemalige Schulgebäude, Kirchen, Bibliotheken und Polizeireviere stehen leer oder wurden abgerissen. So entstand eine Stadtlandschaft, die als unsicher gilt und deren unbeleuchtete Straßen man nicht nur nachts besser meiden sollte. In *Gran Torino* sind solche Viertel mehrfach zu sehen, zum Beispiel die Charlevoix Street, in die Sue und ihr Date zu Walts Verwunderung unvorsichtigerweise einen Abstecher gemacht haben. Sogar die prächtigen Wahrzeichen Detroits sind dem Verfall preisgegeben: Die Michigan Central Station, der einstmals größte Bahnhof der Welt, steht leer und verkommt wie auch das legendäre Michigan

*Verfall der Stadt*

Fabrikruinen vor GM-Zentrale: Niedergang und neuer Glanz liegen in Detroit dicht beieinander.
© picture alliance / ZUMA-PRESS.com

Theatre, ein Kino und Konzerthaus mit luxuriöser Innenausstattung, welches jetzt als Parkhaus genutzt wird.

Was Detroit zum Verhängnis wurde, war zunächst die vollständige Abhängigkeit von einer einzigen Industrie. Die Stadtväter hatten es in den guten Zeiten versäumt, auch in andere Wirtschaftszweige zu investieren. Deshalb hatte man dem Strukturwandel, der in den Siebzigerjahren seine volle Wirkung entfaltete, nichts entgegenzusetzen. Viele Jobs in der Autoindustrie gingen durch Automatisierung und durch Konkurrenz aus Deutschland und Japan verloren. Die Autofirmen sparten Kosten durch die Verlagerung von Produktionsstätten

CLINT EASTWOOD

in andere Bundesstaaten, die mit Subventionen und niedrigen Löhnen lockten, später auch in andere Länder wie Mexiko.

Ein ebenso wichtiger Grund für Detroits Niedergang war die hier praktizierte „segregation" (Rassentrennung). Im Nordwesten der Stadt steht noch heute eine 800 Meter lange, 1,80 Meter hohe und inzwischen von Künstlern bemalte Mauer, die 1940 errichtet wurde, um Wohngebiete von Schwarzen und Weißen voneinander abzuschotten. Die schwarze Bevölkerung wurde beim Zugang zu günstigem Wohnraum, zu Bildung und Gesundheit sowie am Arbeitsplatz diskriminiert. Rassistisch motivierte Polizeigewalt steigerte die Spannungen, welche sich im Sommer 1967 in schweren Unruhen entluden, die von der Nationalgarde niedergeschlagen wurden und 43 Todesopfer forderten. In den Jahren danach zogen sich die Autohersteller immer mehr aus Detroit zurück, was zusätzlich die schon länger andauernde Abwanderung weißer Bewohner in die Vororte beschleunigte. In den innerstädtischen Vierteln blieben vor allem arme Schwarze zurück. Waren 1950 nur 16 % der Menschen dort Afro-Amerikaner, sind es heute 82 %. Aber auch Schwarze, die es sich leisten konnten, zogen von hier fort.

Gravierende Mängel der Stadtplanung trugen zusätzlich dazu bei, die Gräben zwischen den Rassen und sozialen Schichten zu verfestigen. So wurden in den Jahrzehnten nach dem Krieg funktionierende Wohnviertel durch den massiven Bau von Autobahnen zerstört, welche zusätzlich die Stadtflucht beförderten. Auf der anderen Seite verfügte das autofixierte Detroit jahrzehntelang über kein nennenswertes Nahverkehrssystem. Dadurch war es einkommensschwachen Bürgern fast unmöglich, sich außerhalb des Zentrums einen Job zu suchen, als die Krise Detroit im Griff hatte. Kapitalflucht und geringe Steuereinnahmen machten es der Stadt zunehmend unmöglich, ihre Angestellten zu bezahlen und Dienstleistungen zu erbringen. Aus dieser Abwärtsspirale konnte

*Gravierende Mängel der Stadtplanung*

sich Detroit nicht mehr befreien. 2013 erklärte die Stadt sich schließlich für zahlungsunfähig und wurde einem staatlichen Insolvenzverwalter unterstellt.

**Highland Park**      Highland Park, wo *Gran Torino* zum großen Teil gedreht wurde, liegt nördlich des Zentrums. Hier lassen sich die Probleme der Stadt wie unter dem Mikroskop betrachten. Diese auf drei Seiten von Detroit umgebene selbständige Gemeinde verlor seit 1930 sogar 80 % ihrer Bevölkerung (von 53.000 auf nur noch 11.000), und während hier früher die bestbezahlten Arbeiter der USA lebten, liegt das mittlere Einkommen nun bloß bei der Hälfte des amerikanischen Durchschnitts. In Highland Park hatte Henry Ford 1909 seine erste Fabrik errichten lassen und auch die bahnbrechende Massenfertigung des Model-T-Wagens am Fließband eingeführt. Chrysler hatte hier bis 1992 seine Firmenzentrale. Die einzige Verbindung zur stolzen Vergangenheit Detroits in dem Highland Park des Films ist aber der schnittige Gran Torino vom Baujahr 1972, der noch immer topgepflegt in Walts Garage steht. Den Häusern sieht man noch an, dass sie ursprünglich für eine zahlungskräftige Kundschaft gedacht waren. Die Bauweise mit den Veranden („porches") ist traditionell nach vorn ausgerichtet, was den Kontakt mit den Nachbarn und damit den Gemeinschaftsgeist förderte, anders als in den Stadtrandsiedlungen von heute, wo man sich bei schönem Wetter auf die Terrasse hinter dem Haus zurückzieht. Die Figuren in *Gran Torino* sind jedoch nicht repräsentativ für die ethnische Zusammensetzung des tatsächlichen Highland Park, wobei allerdings der Name des Viertels niemals genannt wird. Zurzeit leben hier praktisch nur Afro-Amerikaner, die in dem Film aber nur am Rande vorkommen. Dass Walt dort auf asiatische Einwanderer trifft, hat auch dramaturgische Gründe, denn um Erlösung zu finden, muss er eine Schuld abtragen, die er in Korea auf sich geladen hat.

Am Ende des Films fährt Thao mit Walts Hund Daisy in dem Gran Torino am Fluss entlang einer offensichtlich besseren Welt entgegen. Es ist ein hoffnungsfroher Ausklang für Thao, für Amerika und auch für Detroit. Tatsächlich gibt es inzwischen Erfolge bei der Revitalisierung der Stadt. Innovative Firmen in regenerativer Energie, Medizintechnik und Informationstechnologie haben sich niedergelassen. Als Magnet wirkt Detroit mit seiner Atmosphäre des Umbruchs und wegen seiner billigen Mieten auf junge Künstler und Musiker. Auch einige der architektonischen Juwelen wie das vierzigstöckige Guardian Building wurden restauriert und erstrahlen wieder in altem Glanz.

Revitalisierung der Stadt

Skyline am Detroit River © picture alliance / All Canada Photos

## 2. INHALT

**Filmdaten:**

**Originaltitel:** Gran Torino
**Produktionsland:** USA
**Uraufführung USA:** 9. Dezember 2008 in Burbank, Kalifornien
**Premiere Deutschland:** 5. März 2009
**Länge:** 116 Minuten
**Produktionsetat:** $ 33.000.000
**Einspielergebnis weltweit:** $ 269.958.228 (Stand 31.12.2016)[5]
**Originalsprache:** Englisch, Hmong
**Altersfreigabe:** FSK 12

**Stab:**

**Regie:** Clint Eastwood
**Produktion:** Clint Eastwood, Robert Lorenz, Bill Gerber
**Drehbuch:** Nick Schenk (Story: Nick Schenk und Dave Johannson)
**Kamera:** Tom Stern
**Montage:** Joel Cox, Gary D. Roach
**Produktionsdesign:** James J. Murakami
**Kostüme:** Deborah Hopper
**Musik:** Kyle Eastwood, Michael Stevens, Clint Eastwood, Jamie Cullum

**Darsteller:**

**Walt Kowalski:** Clint Eastwood
**Pater Janovich:** Christopher Carley
**Thao:** Bee Vang
**Sue:** Ahney Her

---

5   Cf. http://www.boxofficemojo.com/movies/?id=grantorino.htm (Stand Mai 2017).

5 ERZÄHL-
STRATEGIEN

6 FILMSPRACHE

7 MUSIK
UND TON

8 REZEPTION

9 ENGLISH
ABSTRACT

Filmplakat
*Gran Torino*
© picture-alliance

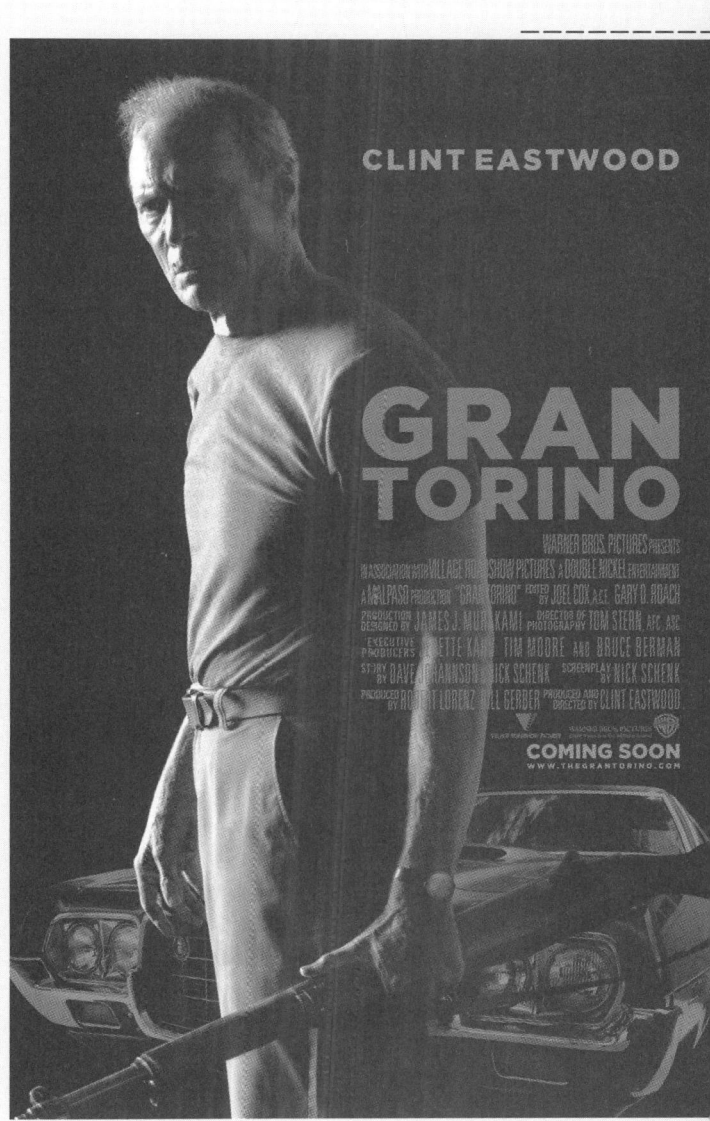

**Thaos und Sues Großmutter:** Chee Thao
**Vu (Thaos und Sues Mutter):** Brooke Chia Thao
**Youa:** Choua Kue
**Fong („Spider"):** Doua Moua
**Mitglieder von Spiders Gang:** Sonny Vue, Elvis Thao
**Mitch Kowalski (Walts älterer Sohn):** Brian Haley
**Steve Kowalski (Walts jüngerer Sohn):** Brian Howe
**Ashley Kowalski (Walts Enkelin):** Dreama Walker
**Josh Kowalski (Walts Enkel):** Michael E. Kurowski
**Martin, der Friseur:** John Carroll Lynch
**Trey (Sues Verabredung):** Scott Eastwood

### Inhaltsangabe (Kurzfassung):

Walt Kowalski ist ein Veteran des Koreakrieges. Er hat sein gesamtes Arbeitsleben bei den Ford-Werken verbracht und lebt jetzt
im Ruhestand. Das Verhältnis zu seinen zwei Söhnen ist zerrüt-
tet, und seine Enkel sind verzogene Gören. Seit er Witwer ist, hat
er nur noch Sinn für seinen Hund Daisy und seinen wertvollen
1972er Ford Gran Torino. Erst als er Thao Vang Lor, den Sohn
der vietnamesischen Nachbarfamilie kennenlernt, findet Walt noch
einmal eine neue Aufgabe im Leben. Dabei bereitet es ihm zuerst
Missfallen, dass in seinem Viertel von Detroit jetzt viele Asiaten
wohnen, vor allem von der Volksgruppe der Hmong. Zahlreiche
Jugendgangs machen die Gegend unsicher.

Eines Nachts wird Walt von Geräuschen aus der Garage
geweckt, in der sein Gran Torino abgestellt ist. Thao ist dort ein-
gebrochen, um den Wagen als Initiation in die Gang seines Cousins Spider zu stehlen. Er wird dabei von Walt gestört, kann in
der Dunkelheit aber unerkannt entkommen. Als die Gang wieder
vor dem Haus der Lors erscheint und Thao gegen seinen Willen
mitnehmen will, vertreibt Walt sie und erwirbt sich damit Ansehen

bei den asiatischen Nachbarn. Später rettet Walt Thaos Schwester Sue aus einer gefährlichen Lage. Weil Thao die Ehre seiner Familie beschmutzt hat, schickt seine Mutter ihn zu Walt, damit er ihm bei der Haus- und Gartenarbeit zur Hand geht, was dieser sich nach einigem Widerstreben gefallen lässt. Die Hmong bringen Walt auch Geschenke und laden ihn zu ihren Festen ein. Nach einer Weile entwickelt sich zwischen dem alten Mann und Thao eine Freundschaft. Um den Jungen auf den rechten Weg zu bringen, besorgt Walt ihm Arbeit bei einer Baufirma. Die Gang übt währenddessen weiterhin Druck auf Thao aus und greift ihn an. Nachdem Walt deshalb ein Mitglied der Gang bedroht und geschlagen hat, rächen sich Spider und die anderen, indem sie auf das Haus der Lors schießen. Sie entführen Sue und vergewaltigen sie. Thao will Vergeltung dafür üben und bittet Walt um Hilfe. Dieser weiß inzwischen, dass er unheilbar erkrankt ist und nicht mehr lange leben wird. Er erzählt Thao von den Erinnerungen, die ihn lebenslang gequält haben. In Korea tötete Walt einen jungen Soldaten, der sich schon ergeben hatte. Um Thao von ähnlichen Erfahrungen fernzuhalten, sperrt er ihn in seinem Keller ein und macht sich allein auf den Weg zum Haus der Gang. Dort provoziert er seine Gegner dazu, ihn vor den Augen zahlreicher Zeugen zu erschießen. Es stellt sich heraus, dass Walt unbewaffnet war, und die gesamte Gang wird verhaftet. Bei der Testamentseröffnung wird bekannt, dass die Kowalskis leer ausgehen und dass Thao den Gran Torino erbt, Walts wertvollsten Besitz.

## Die Reise eines Helden:

*Gran Torino* erzählt die Geschichte von Walt Kowalski in klassischer Manier als „Reise eines Helden", der in eine unbekannte Welt voller Abenteuer gelangt und sich dabei in einen neuen Menschen verwandelt. Es mag wenig originell erscheinen, dass das

Drehbuch von Nick Schenk sich bei Handlungsaufbau und Figurenkonstellation bis ins Detail an Muster hält, denen das populäre Kino seit jeher folgt. Diese erweisen sich aber immer wieder als geeignet, um existenzielle Erfahrungen des Menschen in Gestalt von Geschichten zum Ausdruck zu bringen. Sie haben ihren Ursprung schon in alten Mythen und Märchen und werden deshalb als universell bezeichnet. Charakteristisch für solche Plots sind u. a. eine geschlossene Erzählweise mit einer deutlich ausgeprägten Hierarchie von Haupt- und Nebenfiguren, die jeweils einem oder mehreren „Aktionsbereichen" zugeordnet sind. Den wichtigsten Aktionsbereich besetzt der Held. Er ist auf der Suche nach seiner wahren Bestimmung und treibt die Handlung voran. Unverzichtbar ist weiterhin ein dreiaktiger Aufbau mit deutlich markierten Wendepunkten. Die folgende kommentierte Inhaltsangabe orientiert sich an dieser Struktur und an dem von Michaela Krützen in *Dramaturgie des Films. Wie Hollywood erzählt* (2004) entwickelten Modell, welches davon ausgeht, dass der Held auf seiner Reise die drei Phasen „Trennung", „Prüfungen" und „Ankunft" durchlaufen muss. Die Reise nimmt die Form einer Spirale an, was „verdeutlicht, dass die Figur sich auf ihrer Reise fortentwickelt"[6]. In dieser Hinsicht unterscheidet sich Walt kaum von anderen Helden, wie man sie aus so unterschiedlichen Filmen wie *Das Schweigen der Lämmer, Der Club der toten Dichter* und *Snowdon* kennt.

---

6    Krützen, Michaela: *Dramaturgie des Films. Wie Hollywood erzählt*. Fischer: Frankfurt/Main, 2004. S. 96. Vergleiche auch Stefan Munaretto: *Wie analysiere ich einen Film? Das Standardwerk zur Filmanalyse*. Hollfeld: C. Bange, 2014. S. 24–28.

## Erste Phase:
## Trennung
00:00–00:47

Die klassische Heldenreise folgt dem **Prinzip der zwei Welten**. In der ersten Phase der Erzählung wird der Zuschauer in die **vertraute Welt** des Protagonisten eingeführt. Diese Alltagssphäre wird er später verlassen, um in eine **unbekannte Welt** einzutauchen. Walt Kowalskis vertraute Welt ist allerdings dem Untergang geweiht: das Amerika des Industriezeitalters, in dem ein weißer Fabrikarbeiter sich auf eine sichere Existenz und ein Eigenheim in einem gepflegten Stadtviertel mit ausschließlich anderen weißen Arbeitern als Nachbarn verlassen konnte. Inzwischen sind die Fabriken geschlossen, die Wohngegend ist heruntergekommen, nebenan leben Einwanderer mit seltsamen Sitten und Gebräuchen. Walt spürt einen **Mangel**, weil frühere Gewissheiten ihre Gültigkeit verloren haben und auf seine alte Welt kein Verlass mehr ist. Seine Söhne und ihre Familien bieten ihm auch keinen Halt, denn sie verkörpern in Walts Augen ein Amerika, das seine alten Werte aufgegeben hat. Außerdem ist deutlich, dass Walt seine Erlebnisse als junger Soldat im Koreakrieg nie verarbeitet hat und mehr vom Tod als vom Leben weiß, wie Pater Janovich es formuliert. Der Pfarrer sucht hartnäckig das Gespräch mit Walt, erwirbt so allmählich dessen Vertrauen. Er vertritt den Aktionsbereich **Mentor des Helden**, wobei er ursprünglich nur einen Auftrag erfüllt, den ihm Walts Frau Dorothy vor ihrem Tod erteilt hat. Zunächst zieht sich der Witwer Walt aber völlig zurück und begnügt sich vorwiegend mit der Gesellschaft seines Hundes Daisy. Den meisten Menschen begegnet er mit Zurückweisung und Verachtung. Mit einer Dose Bier in der Hand sitzt er als passiver und schlecht gelaunter Beobachter auf seiner Veranda, während das Leben um ihn herum weitergeht. Walts Verhalten erweist sich jedoch als **falsche Strategie**, um dem Mangel in seinem Leben zu begegnen.

Durch die Hmong-Familie Lor kommt Walt zunächst ungewollt und widerwillig in engere **Verbindung mit der unbekannten,
fremdartigen Welt**. Gleich am Anfang zeigt der Film **fundamentale
Oppositionen** zwischen der vertrauten und der unbekannten Welt
auf. Während bei den Kowalskis die Trauerfeier für Walts Frau
stattfindet, treffen bei den Lors Gäste anlässlich einer Geburt ein,
und während die Atmosphäre bei den Kowalskis steif und ange-
spannt ist, herrscht gleichzeitig beim Fest im Haus daneben ein
familiärer Gemeinschaftsgeist. So entsteht der Eindruck, dass die
Kowalskis nur noch die Vergangenheit repräsentieren, die Lors
aber den Neuanfang und die Zukunft. Die Fremdheit der Hmong-
Welt zeigt sich u. a., als sie im Garten ein Huhn rituell köpfen, was
Walt als barbarisch empfindet.

Der Gangleader Spider und seine Freunde entwickeln sich
nach der ersten Konfrontation vor dem Haus der Lors zu Walts
**Gegenspielern**. Als Widersacher des Helden versuchen sie zu ver-
hindern, dass er seine Ziele erreicht. Walt leistet eine Weile lang
Widerstand dagegen, sich aus seinem gewohnten Alltag zu lösen,
aber ewig kann er die **Rufe zum Abenteuer** nicht ignorieren. Die
neue Welt lockt mit Einladungen, Freundschaftsangeboten, Respekt und mit Geschenken in Form von Blumen und köstlichen
Speisen. Sie bietet außerdem gefährliche Situationen, die Walt
aufregend findet. Die Auseinandersetzungen mit den verschiedenen Gangs reißen ihn sichtbar aus seiner Lethargie und wirken
wie ein Jungbrunnen. In seiner vertrauten Welt wird er hingegen
als hilfsbedürftiger Greis behandelt. Walts Sohn Mitch und dessen Frau versuchen, ihm ein Leben im Altenheim schmackhaft zu
machen, was seine Entfremdung von der Familie nur verfestigt. Er
beachtet Mitchs Ermahnungen nicht, so wie er zuvor schon eine
Reihe von **Warnungen vor den Gefahren** der unbekannten neuen
Welt ausgeschlagen hat, u. a. von Spider und von den schwarzen

Jugendlichen, aus deren Gewalt er Thaos Schwester Sue befreit hat. Bei Walts zweitem Besuch bei einer Feier im Haus der Lors wird **der erste Wendepunkt** der Erzählung erreicht, und die Phase der Trennung endet (und zwar ungewöhnlich spät im Film nach bereits 47 Minuten). Bevor Walt aber endgültig in die unbekannte Welt eintritt, muss er noch die **Hüter der Schwelle** passieren: die misstrauische Großmutter und die kulturellen Tabus der Hmong, die Sue ihm erklärt (Nie jemand direkt in die Augen sehen! Niemals andere am Kopf berühren!). Der Schamane der Familie fungiert als **Sender**, der dem Helden endgültig die Richtung vorgibt und ihn auf seine Mission schickt. Die Worte des fremden „witch doctor" wirken auf Walt wie die Offenbarung einer lange herbeige-

Der Prozess der Selbsterkenntnis beginnt.
© picture-alliance

sehnten Erkenntnis („Son of a bitch. I've got more in common with these goddamned gooks than with my spoiled-rotten family."). Der anschließende Blick in den Badspiegel bringt zum Ausdruck, dass der für die Heldenreise entscheidende **Prozess der Selbsterkenntnis und Verwandlung** nun nicht mehr aufzuhalten ist. Walts Husten und blutiger Auswurf signalisieren, dass er wahrscheinlich schwer erkrankt ist.

## Zweite Phase:
## Prüfungen
00:47 – 01:25

In der zweiten Erzählphase hält die Hauptfigur sich in der unbekannten Welt auf. Sie soll sich dort bewähren, indem sie **Prüfungen** erfolgreich durchsteht. Vorher muss Walt noch wie viele Filmhelden beim **Überschreiten der Schwelle** zunächst in eine Nachtwelt hinabsteigen, in seinem Fall in den schlecht beleuchteten Keller des Lor-Hauses, wo sich Thao und weitere junge Hmong aufhalten. Die ersten Prüfungen sind von schlichter Art. Walt sorgt mit ein paar geübten Handgriffen dafür, dass die Waschmaschine in dem Keller nicht mehr wackelt. Anschließend nimmt er es auf sich, den verstockten Thao davon zu überzeugen, dass er Chancen bei der hübschen Youa hat. Von hier ab ist die Erziehung des vaterlosen Thao zum Mann das **Ziel des Protagonisten**, welches notwendig ist, um die Handlung voranzutreiben. Dabei zeigt sich, dass eine Filmfigur mehrere **Aktionsbereiche** besetzen kann. Walt ist nicht nur der **Held** der Erzählung, sondern auch ein **Mentor**, der den Nebenhelden Thao berät und mit **Wissen und Gaben** ausstattet. Er bringt ihm bei, wie ein Handwerker zu denken und zu arbeiten, und er schenkt ihm einen Grundstock an Werkzeug. Später verschafft er ihm einen richtigen Job. Auch gibt er ihm Unterricht darin, wie Männer sich unterhalten. Die Prüfung als väter-

CLINT EASTWOOD

Vue (Brooke Chia Thao) und ihre Kinder Sue (Ahney Her) und Thao (Bee Vang) bringen Walt Geschenke.
© picture alliance / Mary Evans Picture Library

licher Freund besteht Walt mit Bravour. Der Widersacher Spider steht aber weiterhin als Hindernis zwischen Thao und einem sicheren Leben. Die gefährlichste Prüfung steht Walt also noch bevor. Mit der ärztlichen Bestätigung, dass er unheilbar krank ist, wird zudem eine **Deadline** etabliert. Die Uhr tickt ab jetzt und baut Spannung und Druck auf. Wenn er Thao noch entscheidend helfen und außerdem die Dämonen besiegen will, die ihn selbst seit fünfzig Jahren quälen, darf Walt keine Zeit mehr verlieren. Schon bald sabotiert Spiders Gang Walts Erfolg durch die Schüsse auf das Haus der Lors und die Vergewaltigung Sues. So reagieren sie darauf, dass Walt ihren Machtanspruch bestreitet. Walt gibt sich selbst die Schuld an der Katastrophe; bei seiner entscheidenden Bewährungsprobe hat er versagt. Damit ist der **zweite Wende-**

**punkt** erreicht. Der Held weiß, dass seine Zeit in der (vormals) unbekannten Welt nun abgelaufen ist. Er wird in die gewohnte Welt zurückkehren, aber als verwandelter Mensch.

### Dritte Phase:
### Ankunft
01:25 – 01:46

Am Anfang der dritten Phase ist der Protagonist wieder am Ausgangspunkt seiner Reise angelangt. Der kurze Weg am Abend vom Wohnzimmer der Nachbarn nach Hause ist deutlich als **Grenzüberschreitung** markiert. Er übertritt die Schwelle zurück in die Welt, aus der er gekommen ist, und befindet sich allein in einem dunklen Haus. Zuerst hat es den Anschein, als ob der Held machtlos und besiegt sei. Aber in einem Moment tiefer Verzweiflung fasst Walt einen Entschluss und leitet damit **die finale Auseinandersetzung** mit seinen Gegenspielern ein. Ab diesem Zeitpunkt macht Walt Andeutungen und **trifft Vorbereitungen**, die auf ein bevorstehendes Duell um Leben und Tod schließen lassen. Walt erweist sich dabei als Meister der **Täuschung**, denn er hat in Wirklichkeit andere Pläne, wie sich am Ende herausstellen wird. Thao, der mit ihm zusammen Rache üben will, sperrt er in seinem Keller ein, um ihn zu schützen. In dieser Situation kommt es zu der **Selbstoffenbarung** des Helden. Walt berichtet Thao von der furchtbaren Schuld, die er im Krieg auf sich geladen hat. Damit wird auch endlich die **Backstorywound** enthüllt, also die seelische Verletzung aus der Vergangenheit, deren Überwindung der übergeordnete Zweck jeder „Reise eines Helden" ist. Dies gelingt schließlich auf dem Höhepunkt der Erzählung, als Walt einen Weg findet, um Spider und seine Gang auszuschalten. Er bewirkt seine **Wiedergeburt als Held**, indem er sein Leben opfert. Walt entpuppt sich hier noch einmal als Meister der Irreführung. Er

### DIE REISE DES HELDEN IN *GRAN TORINO*

**3. Akt: Ankunft**

**1. Akt: Trennung**

**Belohnung des Helden:**
Walt ist erlöst und seinen Freunden
wird ein neues Leben geschenkt

**Status Quo:** Walts tristes Leben als verbitterter Rentner

**Berater:** Pfarrer i. A. von Walts verstorbener Frau

**Ruf zum Abenteuer:** die Scharmützel
mit gefährlichen jungen Männern

**Finale
Auseinandersetzung:**
Walt besiegt die Gang,
indem er sein Leben opfert

**Weitere Lockrufe:** Einladungen, Geschenke

**Warnungen:** Mitch, Spider

**Wendepunkt I:**
das Fest bei den Lors

Moment der Selbst-
offenbarung/
Backstorywound:
Walt berichtet
Thao von
der schweren
Schuld, die
ihn belastet

**Vertraute Welt:**
das verfallene Detroit,
das Amerika von früher

**Sender:** der Schamane

**Schwellenwärter:**
die alten Frauen; die
kulturellen Tabus

*Schwelle zurück
in die alte Welt:*
Walts Haustür

*Schwelle zum
Abenteuer:*
der Kellereingang

**Unbekannte Welt:**
die neuen asiatischen
Nachbarn

**Wendepunkt II:**
Sue wird
vergewaltigt

**Erste
einfache Prüfung:**
Reparatur der
Waschmaschine

**Bestätigung des Erfolgs:**
Thao erweist sich als würdig,
bekommt den Job

**Weitere Prüfungen:**
Erziehung Thaos zum Mann

**Bestehen gefährlicher Prüfungen:**
mehrere Auseinandersetzungen
mit Spiders Gang

**2. Akt: Prüfungen**

verleitet die Gang dazu, ihn zu erschießen, obwohl er tatsächlich unbewaffnet ist. Für den Helden führt diese Tat die ersehnte Erlösung von seiner alten Schuld herbei. Am Ende sind alle Fragen geklärt, und obwohl der Held nicht überlebt, hat die Erzählung einen **glücklichen Ausgang**, denn Walt lebt in seinen Freunden weiter und in den **Gaben** (der Gran Torino und Daisy), welche er seinem Schützling Thao überlassen hat. Die kurzen Szenen mit der Trauerfeier für Walt, der Testamentsverlesung und schließlich Thaos Fahrt im Gran Torino am Detroit River dienen als **Epilog** und **Bestätigung des Erfolgs der Heldenreise**. Thao führt jetzt Walts Erbe fort und genießt stellvertretend die Belohnungen, die dieser sich durch das erfolgreiche Bestehen seiner Prüfungen verdient hat.

# 3.   THEMATISCHE ASPEKTE

## Männlichkeit

Wie in fast allen Filmen von Clint Eastwood geht es auch in *Gran Torino* um das Thema Männlichkeit (vgl. Kapitel 1). Es wird deutlich, dass sich männliches Verhalten unterschiedlich ausprägt und dass es veränderbar ist. Walt ist am Ende des Films nicht mehr der gleiche Mann, der er am Anfang war. Dabei repräsentieren nicht nur der alte und der neue Walt, sondern auch seine Söhne, Thao, Spider und andere Figuren jeweils unterschiedliche Formen von Männlichkeit, welche gegeneinander in Stellung gebracht werden, damit der Zuschauer sich ein Urteil bilden kann. Außerdem wird sichtbar, dass jemand nicht von selbst zum Mann wird, sondern dass es dazu der Erziehung und anderer äußerer Einflüsse bedarf, wie man an dem vaterlosen Thao sieht. Erst als Walt die Aufgabe des Ersatzvaters übernimmt und ihn anleitet, findet er eine Einstellung zu seinen Aufgaben, Rechten und Pflichten als Mann. Walt selbst wurde durch seine Kriegserlebnisse über Jahrzehnte so beeinträchtigt, dass er sein Potenzial als Mann nicht voll entfalten konnte, bevor er Thao begegnete.

*Unterschiedliche Formen von Männlichkeit bei den Figuren*

Beim letzten Zusammentreffen mit Thao charakterisiert Walt sich als einen Mann, der Dinge zu Ende bringt: „I finish things". Ein Mann ist für ihn jemand, der die Initiative ergreift und Verantwortung übernimmt. In diesem Fall will er ganz allein ein für allemal die Gefahr ausräumen, die seine Freunde bedroht, und damit zugleich die zwei großen Fehler wiedergutmachen, die er in seinem Leben begangen hat: erstens die Erschießung des wehrlosen koreanischen Soldaten fünfzig Jahre zuvor und zweitens die schlecht geplante Aktion gegen Spiders Gang. Ungewollt hatte er damit dem Angriff auf die Lors und Sues Vergewaltigung den Weg bereitet. Walt tritt als „weißer Ritter" auf – eine Schutzgestalt für

*Anfangs eine patriarchalische Heldenfigur: Walt*

die Schwachen, worunter auch die Frauen zu verstehen sind. Er strahlt Autorität aus, weil er erfahren und unerschrocker ist. Wenn alle anderen zaudern, greift er ein und stellt die Ordnung wieder her, notfalls mit der Waffe in der Hand. Solche Darstellungen männlicher Heldenfiguren werden oft auch als „patriarchalisch" bezeichnet, weil sie mit den heute zentralen Werten Geschlechtergleichheit und Teamwork schlecht zu vereinbaren sind. Tatsächlich treten im Kino viel seltener Frauen als Retter auf.

Walts Wandel und Entwicklung im Laufe des Films

Einige Kritiker sehen in Walt und anderen Hauptfiguren in Eastwood-Filmen Relikte einer früheren Epoche, die an die Überlegenheit des männlichen Geschlechts glaubte und Gewalt zur Lösung von Problemen billigte. Walt ist allerdings ein gebrochener Patriarch. Am Ende seines Lebens erkennt er, dass Gewalt zeitlebens eine Quelle von Angst, Isolation und Leiden für ihn war. Deshalb will er seinem Schützling Thao ähnliche Erfahrungen ersparen. Er appelliert an ihn, sich nicht auch durch sinnlose Gewalt zu besudeln: „I've thought about that kid for fifty years. And I promise you, boy, you want no part of it. Me, I've got blood on my hands. I'm soiled." Jetzt kommen in Walt Empathie und Zugewandtheit zum Vorschein, also Eigenschaften, die gewöhnlich Frauen zugeschrieben werden und die definitiv nicht patriarchalisch sind. Er bedauert, dass er sie bis dahin unterdrückt und seine Söhne nie in dem Maße unterstützt hat, wie es nötig gewesen wäre. Bei Thao holt Walt seine Versäumnisse nach. Durch diese Ergänzung seiner männlichen Energien mit einem weiblichen Korrektiv ist seine Person erst vollständig. Walt verwandelt dabei das, was an ihm potenziell zerstörerisch ist, in schöpferische und erhaltende Kräfte im Dienste von Familie und Gesellschaft. Eine weitere dem Mann dienliche Fähigkeit, über die Walt erst nach seiner späten Wandlung verfügt, ist die stoische Verfügungsgewalt über seine Gefühle. Mangelnde Selbstkontrolle ist nicht männlich und hätte verhindert, dass er seine letzte Aufgabe mit kühlem Kopf erledigt.

An diesem Eastwoodschen Ideal des unbeugsamen Mannes, der zugleich „a source of love and parental care and responsibility"[7] ist, müssen sich die anderen Männer in *Gran Torino* messen lassen. Pater Janovich und Thao schneiden dabei am besten ab. Den Pater unterschätzt Walt anfangs. Er hält ihn für den Inbegriff des zölibatär lebenden Heuchlers und Strebers, mit anderen Worten: für vollkommen unmännlich. Janovich beweist ihm aber schließlich, dass er sowohl über männliche Härte und Durchsetzungswillen verfügt (Walt: „I'm impressed. You came with your guns loaded, for once.") wie über ehrliches Engagement für seine Gemeinde. Auch Thao zeigt sich kämpferisch, als er seine Schwester rächen will. Die Nächstenliebe als die andere Seite der Männlichkeit hat Walt aber schon vorher an ihm bemerkt. In einer Szene beobachtet er, wie eine alte Nachbarin ihre Einkäufe fallen lässt und ein paar junge Männer sich an dem Anblick belustigen und tatenlos weitergehen. Walt fragt sich, „what the heck is wrong with young people these days". Zu seiner Überraschung greift dann aber Thao ein und hilft der Frau aus ihrer Notlage. In diesem Moment merkt Walt, dass Thao gute Anlagen hat. Später beweist Thao echten Bürgersinn, als er unter Walts Aufsicht ohne Bezahlung heruntergekommene Häuser in der Umgebung instand setzt. Thao lernt von Walt, wie man Werkzeug und Hände benutzt, um eine Nachbarschaft zu einem schönen, sicheren und lebenswerten Raum zu machen, und schöpft daraus neues Selbstbewusstsein. Handwerk ist für Walt und Thao sinnstiftende Arbeit. Dass dies vor allem Männersache ist, ist ein altes Stereotyp; der Film bringt nicht zum Ausdruck, dass dies auch so bleiben muss.

Andere Figuren bestehen den Männlichkeitstest nicht. Walts Söhne wirken sogar ausgesprochen unmännlich. Mitch hat nicht

Pater Janovich

Thao

Mitch

---

7   Girgus, Sam B.: *Clint Eastwood's America*. Polity: Cambridge, 2014. Ohne Seitenzahl.

einmal genug Einsicht und väterliche Autorität, um seine Tochter zu veranlassen, sich bei der Trauerfeier für ihre Großmutter angemessen zu kleiden und zu verhalten. Er bringt aber auch nicht die Aufmerksamkeit auf, die seine Kinder und sein alter Vater brauchen würden. Mitch ist zu sehr durch seinen Beruf als Autoverkäufer absorbiert, eine Tätigkeit, für die Walt wenig Hochachtung hat.

**Trey**

Bei Trey, Sues Date, ist der Mangel an Männlichkeit noch auffälliger. Als die beiden von einer Gruppe von Männern bedrängt werden, macht er alles noch schlimmer, indem er sich bei den Angreifern anbiedert und (im Gegensatz zu Sue) keinen Mumm beweist. Der weiße Mittelschichtsjunge hat sich aus Rap-Videos eine Attitüde abgeguckt, aber seine „Bro'"-Sprüche, die High-five-Ansätze, Baggy Pants und verkehrt herum getragene Kappe sind nur hilflose Versuche, an ein Männlichkeitsbild anzudocken, wel-

**Gangs und deren „Hyper-maskulinität"**

ches die verschiedenen Gangs in *Gran Torino* wirklich verinnerlicht haben. Sie verherrlichen Gewalt um ihrer selbst willen, verachten Frauen, beschränken ihren Umgang auf ihre jeweilige ethnische Gruppe und praktizieren Initiationsrituale, mit denen sich jemand als „Mann" beweisen soll, indem er zum Beispiel Walts Gran Torino stiehlt. Mangelnde Impulskontrolle halten sie für ein besonderes Zeichen von Männlichkeit. Deshalb schlagen sie gegen andere unüberlegt und mit größtmöglicher Härte zu. Diese sogenannte „Hypermaskulinität" ist außer Kontrolle geratene, ziellose Aggression ohne menschliche und moralische Komponente. Sie wirkt besonders oft auf junge Männer attraktiv, die ohne väterliche Zuwendung in einer sozial schwierigen Umgebung aufgewachsen sind. Bei den Hmong herrscht ein Mangel an Männern und damit an Vorbildern, weil viele im Vietnamkrieg gefallen sind und andere mit dem Leben in der Fremde nicht zurechtkommen und ihre Familien sich selbst überlassen. Sue erklärt Walt, welche Auswirkungen das Fehlen väterlicher Vorbilder auf den Nachwuchs

5 ERZÄHL-
STRATEGIEN

6 FILMSPRACHE

7 MUSIK
UND TON

8 REZEPTION

9 ENGLISH
ABSTRACT

hat: „Hmong girls over here fit in better, we adjust. The girls go to college, the boys go to jail." Für Thao ist der Ersatzvater Walt der Ausweg aus dem Teufelskreis.

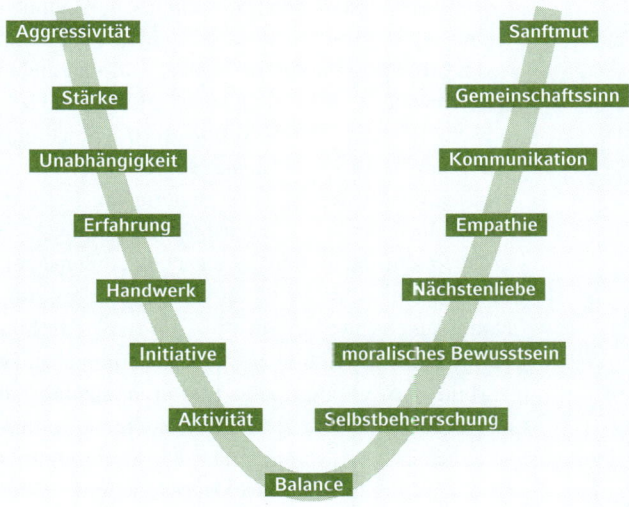

DAS MÄNNLICHKEITSIDEAL IN *GRAN TORINO*

Aggressivität — Sanftmut
Stärke — Gemeinschaftssinn
Unabhängigkeit — Kommunikation
Erfahrung — Empathie
Handwerk — Nächstenliebe
Initiative — moralisches Bewusstsein
Aktivität — Selbstbeherrschung
Balance

## Das Thema Männlichkeit im Film

Männlichkeit ist ein zentrales Thema des Kinos (Weiblichkeit natürlich auch), denn der Film ist ein Medium, in dem das soziale Geschlecht (Gender) vorzugsweise ausgehandelt wird. Wie zu allen Zeiten konkurrieren dabei auch in der Gegenwart verschiedene Varianten von Männlichkeit miteinander. Der gesellschaftliche Wandel setzt einigen davon zu und drängt sie in die Defensive, während andere an Einfluss gewinnen. Eine annähernd unverwüstliche Form repräsentiert der **„Man-of-Action-Hero"**. Er ist ein Mensch, der unter besonderen Umständen über sich hinauswächst und oft im Alleingang die schwierigsten Hindernisse und Abenteuer bewältigt, ob mit oder ohne Gewalt. Die Bandbreite reicht dabei vom rebellischen Außenseiter, wie ihn Clint Eastwood früher oft dargestellt hat, bis zum tapferen Familienmenschen im Stil von Tom Hanks. In Mainstream-Filmen wird der Action Hero oft noch immer unkritisch als Vorbild dargestellt. Häufig tritt er heutzutage aber auch als gebrochener Charakter in Erscheinung. In ihm wird die grundsätzliche Unvereinbarkeit der Forderung nach größtmöglicher Freiheit und Selbstverwirklichung mit den Zwängen in der modernen Leistungsgesellschaft deutlich.

Der **Gentleman** wiederum wurzelt ebenfalls in langer Tradition. Sein aktuell bedeutendster Vertreter ist George Clooney. Dieser Typus hat es schwer in einer Welt verrohter Sitten und lauter Töne. Deshalb befindet er sich auf dem Rückzug, obwohl seine guten Manieren, seine Rücksichtnahme und seine Fairness der Zivilgesellschaft wertvolle Dienste leisten könnten.

Ganz dem Zeitgeist von heute entsprechen einige Männlich-keitsbilder, die früher nicht als vorbildlich oder nachahmens-wert galten. Kumpel-Filme wie *Hangover* und einige romantische Komödien laden zur Identifikation mit unreifen und entwicklungsgehemmten Männern ein. Diese sogenannten **Slacker** sind sympathische Versager und weigern sich noch in fortgeschrittenem Alter, erwachsen zu werden und Ver-antwortung zu übernehmen. Hugh Grant und Adam Sandler sind Ikonen dieses Männer-Typs, der manchmal Überschnei-dungen mit dem **Hipster** aufweist. Dieser tritt in zahllosen Filmen auf und wurde kongenial von John Cusack in *High Fidelity* verkörpert. Der Hipster unternimmt große Anstren-gungen, um sich durch Verhalten, Kleidung und Musikge-schmack von der Masse zu unterscheiden. Weil die Trend-Scouts der Modefirmen und Lifestyle-Magazine ihm aber immer dicht auf den Fersen sind, hat seine Coolness ein kur-zes Verfallsdatum. Schließlich muss noch der **Nerd** (oft mit autistischen Zügen) erwähnt werden. Er wird schon lange nicht mehr als langweiliger Außenseiter und Stubenhocker abgetan. Seit Computertechnologie die Welt beherrscht, werden Nerds wegen ihrer vermeintlichen Spezialbegabun-gen seit einiger Zeit mit neuen Augen gesehen. Benedict Cumberbatch hat als genialer Mathematiker Alan Turing in *The Imitation Game* in dieser Hinsicht Maßstäbe gesetzt.

## Religion

Walt Kowalski steht der institutionellen Religion skeptisch bis ab-lehnend gegenüber. Als Nachfahre polnischer Einwanderer gehört er der katholischen Kirche an, aber nur als passives Gemeindemit-

Walt lehnt Religion eher ab

glied. Er hat kein Bedürfnis, die Heilige Messe zu besuchen, und zur Beichte geht er ebenfalls nicht. Bei der Trauerfeier für seine Frau Dorothy lässt er die Predigt missmutig über sich ergehen. Der junge Pfarrer spricht über Tod und Vergänglichkeit, aber Walt hört nur salbungsvoll vorgetragene Worte, die von keiner Lebenserfahrung getrübt sind: „Death is often a bittersweet occasion to us Catholics. Bitter in the pain it causes the deceased and their families. Sweet to those who know the salvation that awaits them." Dass die Sätze durchaus ein Bedürfnis in Walt geweckt haben, wird klar, als er sie in einem späteren Gespräch mit Pater Janovich wörtlich wiederholen kann. Aber sie werden seinem Wunsch, sich mit dem Tod auseinanderzusetzen, nicht gerecht. Er hält den Geistlichen für einen Opportunisten „who holds the hands of superstitious old women and promises them eternity."

Die Bemerkung über die abergläubischen alten Frauen ist auch eine Anspielung auf Walts Frau. Dorothy, im Gegensatz zu Walt eine gläubige Katholikin, hatte Pater Janovich gebeten, sich nach ihrem Tod um Walt zu kümmern und ihn zur Beichte zu bewegen. Sie machte sich Sorgen um das Seelenheil ihres Mannes, das tatsächlich gefährdet ist durch die große Sünde, die er als junger Soldat auf sich geladen hat. Ob Dorothy davon weiß, wird allerdings nicht explizit deutlich. Da der Pfarrer sich als hartnäckig erweist und nach und nach Walts Respekt erwirbt, gibt er seinem Drängen schließlich doch nach und erscheint am letzten Tag seines Lebens zur Beichte. Aber selbst jetzt bleibt das Sakrament für ihn ein leeres Ritual, und er gesteht bloß ein paar Lappalien: dass er 1968 einen kurzen Moment lang seiner Frau untreu war und dass er außerdem einmal 900 Dollar Profit aus dem Verkauf eines Bootes nicht versteuert hat. Ernsthafter ist das Eingeständnis, dass er nie ein enges Verhältnis zu seinen Söhnen hatte. Der Pfarrer weiß aber, dass Walt etwas zurückhält, das ihm wirklich auf der See-

Walts gefährdetes Seelenheil

le lastet. Tatsächlich erfolgt Walts echte Beichte erst kurz danach in seinem Keller, und der Beichtvater ist Thao. Er offenbart ihm die furchtbare Tat, die er fünfzig Jahre davor in Korea begangen hatte, durch das an eine Beichtstuhltrennwand erinnernde Gitter der Kellertür hindurch. Absolution kann ihm nicht der Pfarrer erteilen, sondern nur sein Freund, in dem er den jungen Koreaner von damals erblickt.

Der Ablehnung der offiziellen Religion steht Walts Bedürfnis nach Transzendenz gegenüber, also nach etwas, das ihn über die seit langem als qualvoll erlebte Wirklichkeit seines Lebens erhebt und ihm hilft, seine Schuld wiedergutzumachen. Dazu muss er zuerst seine Selbstbezogenheit und seine innere Leere überwinden, was ihm durch das Interesse und die aktive Hilfe für seine Nachbarn gelingt. Mit der Erziehung Thaos und dem Schutz der Familie Lor erfüllt er eine noble Aufgabe. Aber erst durch seine Selbstopferung führt er endgültig die ersehnte Befreiung herbei und schenkt gleichzeitig seinen Freunden neues Leben. Indem Walt anderen hilft, hilft er auch sich selbst und wird zur Verkörperung der christlichen Werte Nächstenliebe und Gewaltfreiheit. Sein Christentum ist nicht eines der Worte, sondern eines der praktischen Tat. Dieses neue Bewusstsein lässt zu, dass er sich auf seinen sicher bevorstehenden Tod in aller Ruhe vorbereiten kann. Ein letztes Mal mäht er den Rasen, sorgt für seinen Hund, lässt sich einen Maßanzug machen usw. Die letzte Einstellung mit ihm ist reine Erlösungs- und Auferstehungssymbolik: Langsam gleitet die Kamera über den tödlich von Kugeln getroffenen und mit ausgebreiteten Armen in der Haltung des gekreuzigten Christus am Boden liegenden Walt hinweg und entschwebt in die Höhe.

*Walts Bedürfnis nach Transzendenz*

Die religiöse Symbolik in dieser Geschichte einer vorbildlichen Tat weist auf den engen Zusammenhang zwischen Walts Handlung und dem amerikanischen Selbstverständnis hin. Die Idee von

*Heilsgeschichtliche Elemente*

„God's Own Country" hatte immer einen heilsgeschichtlichen Zug, wie er zum Beispiel in der berühmten Gettysburg Address Abraham Lincolns von 1863 zum Ausdruck kommt. Demzufolge hat der Bürger die Freiheiten nicht ein für allemal von den Gründungsvätern geschenkt bekommen. Vielmehr muss die Überzeugung, dass alle Menschen gleich sind, von jeder Generation erneut verteidigt werden. Walts Opfer fügt sich in diesen immerwährenden Prozess der „rebirth of freedom". Es ist kein Zufall, dass diese Gedanken im Jahre 2017 von zahlreichen besorgten Politikern, Journalisten und Aktivisten wieder in Erinnerung gerufen werden, weil sie überzeugt sind, dass Maßnahmen der Regierung unter Präsident Donald Trump wie der Mauerbau an der mexikanischen Grenze und das Einreiseverbot für Menschen aus mehreren muslimisch geprägten Ländern im krassen Widerspruch zu Amerikas Idealen stehen[8].

### Die Religion der Hmong

Zahlreiche Hmong in Vietnam und Laos sind Christen. Die Hmong in *Gran Torino* hängen aber dem Animismus an, der ursprünglichen Religion der Volksgruppe. Der Animismus ist das älteste bekannte Glaubenssystem der Welt. Sein wesentliches Kennzeichen ist die Überzeugung, dass die gesamte Natur einheitlich beseelt ist, neben den Menschen auch Tiere, Pflanzen, Wälder, Berge, Flüsse usw. Eine wichtige Bedeutung hat in *Gran Torino* auch der Hmong-

---

8   Cohen, Eliot A.: *A Clarifying Moment In American History*. In: *The Atlantic online*. January 29, 2017. https://www.theatlantic.com/politics/archive/2017/01/a-clarifying-moment-in-american-history/514868/ (Stand Mai 2017).

Schamane, der im Gegensatz zu dem katholischen Priester überraschenderweise auf einen Blick alles Entscheidende über Walt weiß und dessen Leben eine neue Richtung gibt: „Kor Khue says that you think you've been disrespected. You do not live your life. Your food has no flavor. You are scared of your past. You stopped living years and years ago. Kor Khue says you're not at peace." Ein Schamane verfügt über gründliche Kenntnisse der Natur und ihrer Heilkräfte für Körper und Geist des Menschen. Er sieht Walt ganzheitlich, nicht nur als einen isolierten Teil von etwas.

## Das Fremde und das Eigene

Durch Globalisierung und Flüchtlingsströme hat die Migration in den vergangenen Jahren zugenommen. In Europa wie in den USA, einem klassischen Einwanderungsland, verursacht dies Konflikte und verändert inzwischen massiv die politische Landkarte, wie im Jahr 2016 der Sieg der Brexit-Befürworter in Großbritannien und der Sieg Donald Trumps bei der Präsidentenwahl in den USA zeigen. Alte Sicherheiten, Heimatgefühle und Traditionen scheinen in Gefahr. Deshalb macht Einwanderung vielen Menschen Angst, was zur Mobilisierung von Vorurteilen, Wut und fremdenfeindlicher Gewalt führt und die Integration der Immigranten erschwert. Diese Krise wird in *Gran Torino* schon im Jahr 2008 exemplarisch behandelt. Der Film bildet die Krise aber nicht nur ab, sondern befriedigt auch das Bedürfnis nach Alternativen und Lösungen. Er entwirft das Wunschbild einer gelingenden friedlichen Annäherung zwischen zwei Kulturen, die sich im Alltag begegnen.

Migration und Krise

Aufweichung
des Gegensatzes
vertraut/fremd
im Laufe der
Handlung

Die Handlung ist am Anfang vollkommen auf dem Gegensatz zwischen dem Eigenen und dem Fremden aufgebaut, also zwischen dem, was dem alteingesessenen Amerikaner Walt vertraut ist, und dem, was er als unvertraut erlebt. Sein Leben lang war er in seinem Viertel von seinesgleichen umgeben, weißen Arbeitern, deren Vorfahren schon ein oder mehrere Generationen zuvor aus Europa eingewandert waren. Seit einiger Zeit wird er aber unmittelbar in seiner Nähe mit Menschen konfrontiert, die anders aussehen, andere Bräuche pflegen, eine andere Sprache sprechen. Leute wie Walt sind in seinem Stadtviertel jetzt in der Minderheit. Nun fühlt er sich fremd im eigenen Land. Während das Eigene und das Fremde in der heutigen Wirklichkeit oft starre Pole sind, geraten sie in *Gran Torino* ins Fließen. Zwischen ihnen spielt sich ein Prozess ab, der in drei Stadien verläuft. Im Laufe der Zeit bewegen sie sich aufeinander zu und verlieren ihren schroffen Gegensatz. Eine entscheidende Rolle spielt dabei die Kommunikation zwischen Walt und den Hmong.

Walts Hassrede

Zuerst bringt Walt seine Aversion gegen die Hmong unverblümt zum Ausdruck und lehnt jeglichen Kontakt mit den Fremden und nachbarschaftliche Hilfe ab. In seinen Augen haben sie nichts mit ihm gemeinsam. Mit der US-Flagge, die er auf seinem Grundstück hisst, vermittelt er, dass er hier die Stellung gegen Eindringlinge hält, die in seinen Augen keine Amerikaner sind. Als Thao sich bei ihm Überbrückungskabel ausleihen möchte, weist er ihn rüde ab. Wenig später sieht man, dass er gleichwohl solch eine Starthilfe hat, als er damit an der Straße vor aller Augen eine tote Batterie auflädt. Wenn er über die Hmong spricht und sogar direkt zu ihnen, verwendet er rassistische Bezeichnungen wie „gook" und „swamp rat". „Gook" ist eine abwertender Begriff für Ostasiaten, der ursprünglich beim Militär während der Kriege in Korea und Vietnam in Gebrauch kam. Ansonsten hat Walt auch

CLINT EASTWOOD

5 ERZÄHL-
STRATEGIEN

6 FILMSPRACHE

7 MUSIK
UND TON

8 REZEPTION

9 ENGLISH
ABSTRACT

keine Hemmungen, schwere Beleidigungen wie „zipper head" zu benutzen. Menschenverachtende Aussagen wie „You're nothing to me. In Korea, we stacked fucks like you five feet high and used you as sandbags" (zu Spiders Gang) erfüllen den Tatbestand der Hassrede. Dabei weiß Walt, wie sich später herausstellt, gar nichts über die Hmong, er kennt nicht einmal ihre genaue ethnische Zugehörigkeit. Alle Asiaten sind für ihn austauschbar, er kennt nur Stereotype und Vorurteile. Die Kehrseite eines solchen aggressiv-abwertenden Kommunikationsstils ist häufig „eine überaus verletzliche und verzweifelte Innenseite"[9]. Sue ahnt, dass sich hinter Walts rauer Schale ein weicher Kern verbirgt, und es gelingt ihr nach und nach, zu diesem Kern vorzudringen.

Dies ist möglich, weil sie einen Kommunikationsstil beherrscht, der Walts genau entgegengesetzt ist. Sues Bemühungen sind auf Ausgleich und Kompromiss ausgerichtet, was zumindest teilweise durch ihre Herkunft bedingt ist. Ostasiatische Kulturen „nutzen eher integrative und kompromissorientierte Stile" in Konfliktsituationen und haben „die Tendenz zu harmonisierenden und vermeidenden Stilen"[10]. Für sie hat „‚das-Wahrer-beider-Gesichter'" Vorrang, während es in westlichen Kulturen oft nur um das „‚Wahren-des-eigenen-Gesichts'" geht. Das kann erklären, weshalb auch die anderen Hmong gegenüber Walt Geduld beweisen und höflich und zurückhaltend bleiben (außer Spider und seinen Leuten). Die Familie Lor ist Walt dankbar dafür, dass er die Gang von ihrem Haus ferngehalten hat, aber ein weißer oder schwarzer Amerikaner hätte angesichts von Walts Reaktion auf seine Geschenke und

Sues Einfühlungs-
vermögen und
Schlagfertigkeit

---

9  Schulz von Thun, Friedemann: *Miteinander reden*. Band 2: *Stile, Werte und Persönlichkeitsstörungen. Differentielle Psychologie der Kommunikation*. 31. Auflage. Rowohlt Reinbek, 2010. S. 117.
10  Dieses und das folgende Zitat aus: Mattl, Christine: *Interkulturelle Konflikte?* In: *perspektive mediation*. Ausgabe 2005/4. S. 207. Im Internet: http://www.vielfalt-mediation.at/Mattl_Seiten_pm4_05_kern.pdf (Stand Mai 2017).

Raum für
Begegnungen

Einladungen vermutlich schnell aufgegeben. Sue lässt sich aber nicht beirren und lenkt mit diplomatischem Geschick Walts Unfreundlichkeiten ins Leere, was ihn tatsächlich beeindruckt. Damit eröffnet sie einen Raum für Begegnungen, in dem beide sich kennen- und schätzen lernen. Walt spielt im Gespräch weiterhin auf die Herkunft seiner neuen Freunde an, schon bald aber ohne den bösartigen und feindseligen Ton des Anfangs. In Sue hat er eine Frau gefunden, die ihm imponiert, und so wird aus „gook" immerhin „dragon lady". Sue führt Walt in die Feinheiten der Hmong-Kultur ein, während Walt zu Thaos Lehrer wird. Er ermöglicht ihm damit, seinen Platz in der amerikanischen Gesellschaft zu finden.

| STA-DIUM | VERHÄLTNIS ZWISCHEN DEM EIGENEN UND DEM FREMDEN | AUSDRUCK IN DER KOMMUNIKATION |
|---|---|---|
| 1 | Walt wehrt sich gegen nähere Bekanntschaft mit der Hmong-Kultur, reagiert wütend, und kapselt sich ab. Stereotype und Vorurteile prägen sein Denken. | Walt: aggressiv-entwertender Kommunikationsstil; feindselig; hasserfüllte Sprache; abweisende Körpersprache und Mimik; die Fremden reagieren mit Geduld, suchen weiter den Ausgleich und das Gespräch. |
| 2 | Walt wird unwillkürlich in die fremde Kultur hineingezogen. Es entsteht gegenseitig Verständnis, Vertrauen und Zuneigung. | Walt öffnet sich und lässt sich auf einen Dialog ein, der drei Dimensionen hat: a) historisch b) psychologisch c) sozial |
| 3 | Walt erkennt viel Eigenes im Fremden und akzeptiert es als neuen Teil von sich selbst und von Amerika. | In dem letzten Gespräch mit Thao und in Walts Testament wird die Anerkennung der ehemals Fremden als Gleichgestellte offiziell gemacht. |

Viele Gespräche und Erfahrungen führen schließlich dazu, dass Walt in den Hmong Anteile von sich selbst wiedererkennt. Der Dialog zwischen dem Eigenen und dem Fremden führt zu gegenseitigem Verständnis und hat mehrere Dimensionen. **Die erste Dimension ist historisch:** Walt erfährt, dass die Hmong in ihrer Heimat verfolgt wurden, weil sie während des Vietnamkriegs Alliierte der Amerikaner waren. Viele Hmong sind wie der Armeeveteran Walt durch den Krieg traumatisiert worden; ihr gesamtes Leben ist dadurch beeinträchtigt. **Die zweite Dimension ist psychologisch**, denn Walt stellt eine Verbindung zwischen den Koreanern, die er im Krieg getötet hat, und Thao her. Er will nicht, dass Thao sich durch Gewalt so beschmutzt wie er selbst. In dem jungen Hmong, dem ehemals Fremden, hat Walt sein eigenes Verdrängtes wiedererkannt. Dabei hat ihm außerdem ein Fremder, nämlich der Schamane, geholfen, nicht der aus der eigenen Welt stammende katholische Pfarrer. **Die dritte Dimension ist eine soziale:** Walt merkt, dass das auf Familienwerte und Solidarität aufgebaute Leben der Hmong genau seinen Bedürfnissen entspricht. Es hebt sich positiv vom Leben der lieblosen und konsumorientierten eigenen Verwandtschaft ab. Bei ihnen findet er auch endlich wieder „food with flavour", nicht das öde Trockenfleisch, an das er sich gewöhnt hatte. Ein anderes entscheidendes Erlebnis hat Walt beim Arztbesuch. Offenbar ist er schon länger nicht untersucht worden, oder er hatte einfach übersehen oder nicht wissen wollen, in welchem Umfang Emigranten aus Asien, dem Nahen Osten und anderen Teilen der Welt schon längst das Gesicht seiner Stadt prägen. Und diese Menschen leisten wertvolle Beiträge zum gesellschaftlichen Leben. Walts alter Hausarzt hat sich zur Ruhe gesetzt, und jetzt arbeiten in seiner Praxis u. a. eine muslimische Arzthelferin und eine chinesische Ärztin. Von ihnen erfährt er, dass er Lungenkrebs im Endstadium hat. Später wird

Dimensionen des Dialogs zwischen dem Eigenen und Fremden

unter den Polizisten, die den Tatort mit Walts Leiche sichern, auch ein junger Hmong sein.

Das Bewusstsein seines bald bevorstehenden Todes fällt mit der Erkenntnis zusammen, dass es kein Zurück zum Amerika von früher mehr geben wird, was er zu diesem Zeitpunkt aber schon nicht mehr bedauert. Zuletzt sind es Thao und Sue, mit denen er von Gleich zu Gleich reden kann. Der Dialog zwischen den Kulturen hat ihn dazu gebracht, in den anderen nicht mehr Fremde, sondern etwas Eigenes zu sehen. Walts Tod erhält unerwartet noch das „Bittersüße", von dem Pater Janovich am Anfang rein theoretisch gesprochen hatte: bitter, weil er sich von seiner neuen Familie verabschieden muss, und süß, weil er dabei eine wertvolle Mission erfüllt und selbst Erlösung findet.

*Interkultureller Dialog*

### Stereotyp, Vorurteil, Ressentiment

Stereotype sind vereinfachte Vorstellungen von den Eigenschaften und Verhaltensformen von Personen- oder Bevölkerungsgruppen. Dass Mädchen asiatischer Herkunft besonders fleißig und leistungsstark in der Schule sein sollen, ist eine solche Verallgemeinerung, die durchaus eine Basis in der Wirklichkeit hat, ebenso wie die, dass Männer lieber Actionfilme als romantische Komödien sehen. Mithilfe von Stereotypen erleichtern sich Menschen den Umgang mit einer komplexen Wirklichkeit. Stereotype sind deshalb in gewissem Umfang notwendig, sollten aber regelmäßig überdacht werden und niemand davon abhalten, dem einzelnen Mitglied einer Gruppe weiterhin als Individuum zu begegnen.

Vorurteile entstehen, wenn verallgemeinerte Vorstellungen nicht mehr reflektiert werden und sich verfestigen. Meistens sind sie mit negativen Emotionen besetzt. Besonders verbreitet sind rassistische Vorurteile. Rassisten werten andere ethnische Gruppen ab und sprechen ihnen im äußersten Fall ihr Mensch-Sein ab, um damit ihre Diskriminierung und Ausgrenzung zu rechtfertigen. Von Vorurteilen geprägte Weltanschauungen können sich zu Ideologien verhärten, die dann nicht mehr verhandelbar sind und fanatisch vertreten werden.

Das Ressentiment wiederum ist eine ganze Gemütsverfassung, die Vorurteilen und Ideologien förderlich ist. Es handelt sich um den meistens heimlich schwelenden Groll dessen, der sich immer zu kurz gekommen und ohnmächtig fühlt. Ein solcher Mensch hegt das Gefühl des Gekränkt-Seins und steigert sich hinein. Er sucht nach Schuldigen für sein Leiden und entwickelt leicht Rachewünsche gegenüber Gruppen von Menschen, von denen er meint, dass sie ihm gegenüber ungerechterweise bevorzugt würden. Der zum Ressentiment neigende Mensch kann zum Sprengstoff für eine Gesellschaft werden, wenn er in historischen Umbruchsphasen massenhaft in Erscheinung tritt, etwa in Teilen des Kleinbürgertums während der Weimarer Republik. Walts Wut leitet sich nicht aus dem Ressentiment her, aber er gehört als früherer Detroiter Autoarbeiter ebenfalls einer Schicht an, die im Zeichen der Deindustrialisierung und Globalisierung dafür anfällig geworden ist (vgl. Kapitel 1 Detroit).

## Rache und der Kreislauf der Gewalt

Rivalität

Der bereichernde interkulturelle Dialog, den Walt mit Sue, Thao und anderen Hmong führt, findet mit Spider und seinen Freunden nicht statt. Diese jungen Männer bilden eine typische Straßengang, die aggressiv und unter Einsatz von Gewalt ein Revier in der Nachbarschaft beansprucht und verteidigt sowie in kriminelle Aktivitäten verwickelt ist. Zwischen Walt und der Gang entwickelt sich eine Rivalität, die sich an der Frage entzündet, in wessen Einflussbereich Thao und seine Familie gehören. Für den Zuschauer ist klar, dass Walt ein besseres Vorbild für Thao ist als Spider, aber indem er die Lors dem Zugriff der Gang entzieht, entfacht er einen Machtkampf, der in einen verhängnisvollen Kreislauf der Gewalt führt[11].

Lust an der Rache

Lust an der Rache ist ein archaisches Gefühl, das in Zeiten, bevor es ein festgeschriebenes Recht und das Gewaltmonopol des Staates gab, eine wichtige Funktion hatte. Die Angst vor Rache und Selbstjustiz hielt Menschen oft davon ab, anderen nach dem Besitz und Leben zu trachten. Noch im 19. Jahrhundert hatte sie in Amerika diese Funktion während der Besiedlung des Westens, weshalb das Rache-Motiv bis heute ein immer wiederkehrendes im amerikanischen Kino ist, nicht nur im Western-Genre. Auch *Gran Torino* knüpft an die zahllosen Selbstjustiz-Dramen an, in denen wechselseitige Gewalt eine scheinbar unaufhaltsame Dynamik entfaltet, bis ein entschlossener Einzelner ihr ein Ende bereitet. Die Voraussetzung dafür ist der quasi gesetzlose, einer friedlichen menschlichen Existenz entzogene Raum mitten in der modernen Großstadt Detroit, in dem sich die Gewalt annähernd ungestört

---

11 Vgl. Machuco, Antonio: *Violence and Truth in Clint Eastwood's „Gran Torino"*. In: *Anthropoetics*, Vol. 16, no. 2 (Spring 2011). Im Internet: http://anthropoetics.ucla.edu/ap1602/1602machuco/ (Stand Mai 2017).

CLINT EASTWOOD

Clint Eastwood
als gealterter
Westernsöldner
William Munny
in *Erbarmungslos*
(1992)
© picture alliance

aufschaukeln kann. Die Gesetzeshüter bleiben unsichtbar und treten in dem Film erst ganz am Ende in Erscheinung; vorher lässt
Walt sich auch von Pater Janovich nicht dazu drängen, sie einzu-
schalten. Offensichtlich vertraut er lange Zeit nicht darauf, dass
Polizei und Justiz sich hinreichend des Falles annehmen würden. Er
billigt sich selbst eine Art natürliches Widerstandsrecht zu. Er
will schnell und ohne behördliche Hemmnisse selbst für Ruhe sorgen und Vergeltung üben.

Soweit ähnelt Walt Kowalski dem auf Selbstjustiz spezialisier-
ten Eastwood-Helden der Sechzigerjahre. Gewalt hatte für Männer
wie den Polizisten Callahan in *Dirty Harry* (1971) eine reinigende
Wirkung. Diese verliert sie aber in späteren Filmen, und Figuren
wie der illusionslose William Munny in *Erbarmungslos* fühlen sich,
wie Walt Kowalski es ausdrückt, durch das Töten nur noch „soiled"

(„besudelt"). Statt dem Morden die Grundlage zu entziehen, tragen sie nur zu seiner weiteren Eskalation bei. *Gran Torino* bedeutet schließlich in der Entwicklung der Eastwoodschen Beurteilung von Gewalt noch einmal einen radikalen Einschnitt, denn Walt verzichtet am Ende überraschend ganz auf seine Waffen und bringt sich selbst zum Opfer, um damit einen scheinbar endlosen Mechanismus von Gewalt und Gegengewalt zu beenden. Zuvor eskaliert der Konflikt mit der Gang in mehreren Stufen:

**Eskalation des Konflikts**

→ Spider und die Gang bedrängen Thao, sich ihnen anzuschließen und nötigen ihn dazu, Walts Gran Torino zu stehlen. Dies dient seiner Initiation, einem Ritual, das der Aufnahme in eine Gang üblicherweise vorausgeht.

→ Nach dem misslungenen Diebstahl versucht die Gang trotzdem, Thao weiterhin zu vereinnahmen, und trifft auf den Widerstand der Familie. Aber erst als Walt mit vorgehaltener Waffe einschreitet, ziehen sie sich widerwillig zurück.

→ Dass Walt ein Mann ist, der Gewalt anzuwenden versteht, macht auch die Szene deutlich, in der er die von mehreren jungen schwarzen Männern bedrängte Sue rettet.

→ Dass die Gang keine Ruhe geben würde, war absehbar. Sie bestrafen Thao, indem sie eine brennende Zigarette in sein Gesicht drücken.

→ Diesmal greift Walt tatsächlich zu körperlicher Gewalt. Er wartet, bis er ein Gangmitglied („Smokie") allein antrifft, und schlägt und tritt ihn brutal zusammen.

→ Statt aber sich an Walt direkt zu rächen, vergreift sich die Gang zuerst an den Schwächeren. Mit den Schüssen auf das Haus der Lors und der Vergewaltigung Sues spitzt sich die Auseinandersetzung endgültig zu.

Nach der Logik des Rachegenres müsste jetzt ein Showdown folgen, an dessen Ende kein Gangmitglied mehr lebt. Aber Walt hat inzwischen erkannt, dass immer weitere Gewalt die tödliche Spirale nicht unterbrechen, sondern nur weiter in Gang halten würde. Sie würde außerdem dazu führen, dass er sich mit noch mehr Schuld belädt und den Menschen, die er schützen will, weiteren Schaden zufügt. Stattdessen findet er einen anderen Ausweg, den Antonio Machuco folgendermaßen beschreibt und deutet:

> „The sacrifice is now, finally and for the first time in Clint Eastwood's work, the sacrifice of himself and not, we emphasize, of *others*. It is the sacrifice of his own life to end violence and for the others to live, not the death of others at the hands of the god of violence for order to be restored. It is a radical solution to the problem of violence that Eastwood has always pondered. It is a unique and singular solution."[12]

Selbstopferung, um Spirale der Gewalt zu stoppen

Schließlich stellt sich die Frage, ob die Bezeichnung „Opfer" für Walts Tat tatsächlich geeignet ist oder ob es sich nicht vielmehr um den Selbstmord eines Schwerkranken handelt, der weiß, dass er ohnehin nicht mehr lange zu leben hat. Der Autor der obigen Zeilen findet letzteren Gedanken „totally implausible. A suicide is a negative, self-destructive act, not a foundation of anything."[13]

---

12  Ebd., S. 10.
13  Ebd., S. 9.

**Rache und Selbstjustiz im amerikanischen Kino**

Rache soll in den vielen Hundertausenden von Jahren, in denen unsere Vorfahren in kleinen Clans durch eine wilde und gefährliche Natur streiften, einen Überlebensvorteil mit sich gebracht haben. Die Furcht vor Vergeltung dürfte Angreifer abgeschreckt und die Gemeinschaft kooperativer gemacht haben. So lautet eine umstrittene Theorie der Evolutionspsychologie. Tatsache ist, dass wir noch heute Rache oft als „süß" empfinden, was Filme wie die drei Teile der trashigen *96-Hours*-Reihe (2008–2014) mit Liam Neeson sich zunutze machen. Darin führt ein pensionierter CIA-Agent einen privaten Vernichtungsfeldzug gegen eine finstere Bande von albanischen Mädchenhändlern.

Interessanter sind Filme, die zeigen, dass Rache und Selbstjustiz nicht nur Spaß machen, sondern fragwürdige Mittel sind, die vor allem Unheil hervorbringen. Das amerikanische Kino hat auffällig viele solche Rachedramen hervorgebracht, zum Beispiel *Der Schwarze Falke* (Originaltitel: *The Searchers*, 1956) von John Ford, *Wer Gewalt sät* (*Straw Dogs*, 1971) von Sam Peckinpah, *München* (*Munich*, 2005) von Steven Spielberg, fast alle Werke von Quentin Tarantino (z. B. *Django Unchained*, 2012) und *The Revenant* (2015) von Alejandro González Iñárritu. Fast immer enden diese Filme mit dem Tod der Gegenspieler oder gleich in einem großen Blutbad. Erfolgreich geübte Rache bringt den Protagonisten aber nur vorübergehend Erleichterung, die Gewalt geht auch an dem Rächer nicht spurlos vorbei. Sie nimmt ihm seine Menschlichkeit und zerstört ihn oft selbst an Leib und/oder Seele so wie den schüchternen Mathematiker

David, der sich in *Wer Gewalt sät* in einen hemmungslosen
Killer verwandelt. Dieser Film gehört wie John Boormans
*Beim Sterben ist jeder der Erste* (*Deliverance*, 1972) zur Be-
wegung des New Hollywood, die das Kino und die Gesellschaft der USA erneuern wollte und sich u. a. kritisch mit
dem Verhältnis zu Waffen und Gewalt auseinandersetzte.
*Deliverance* ist zwar kein typischer Rachefilm, aber auch die
vier Großstädter, die darin von einheimischen Rednecks bei
einer Kanutour im Gebirge angegriffen werden, erleben Gewalt und Gegengewalt als völligen Bruch der Zivilisation.

## 4. FIGUREN UND FIGUREN-KONSTELLATIONEN

### Walt Kowalski

Die reinen Fakten über den Protagonisten des Films sind schnell zusammengetragen: ungefähr 75 Jahre alt, Nachfahre polnischer Einwanderer, als junger Mann im Koreakrieg eingesetzt, danach Arbeiter in der Autoindustrie bei Ford, verheiratet mit Dorothy, die kürzlich verstorben ist, zwei erwachsene Söhne, zwei Enkelkinder. Er verbringt viel Zeit auf seiner Veranda und trinkt große Mengen Dosenbier (Lieblingssorte: Pabst). Jetzt ist er an Lungenkrebs erkrankt.

Facettenreicher Charakter

Das ist jedoch nur die Oberfläche dieses an Facetten reichen Charakters. Auf die verschiedenen Subtexte (also die wirklichen und vom Zuschauer zu erschließenden Bedeutungen) Walts wird an verschiedenen Stellen dieser Erläuterung genauer eingegangen. Er repräsentiert in unterschiedlichen Situationen und manchmal gleichzeitig

→ die Angry White Men des Nordostens: ehemalige Industriearbeiter, die ihren Statusverlust nicht verkraften und das moderne Amerika ablehnen,

→ einen Misanthrop (Menschenfeind), der zum Menschenfreund wird,

→ einen Vermittler zwischen zwei Welten, als Lehrer und Schüler zugleich,

→ einen Wiedergänger der vielen Westernhelden, die Clint Eastwood im Laufe seiner Karriere gespielt hat,

→ eine Erlösergestalt, die sich opfert, um einen fatalen Kreislauf der Gewalt zu beenden, und durch Nächstenliebe neues Leben bringt

→ und außerdem die immer wieder nötige zyklische Wiedergeburt der amerikanischen Freiheitsideale bewirkt,

→ einen unter posttraumatischem Belastungssyndrom leidenden Veteranen eines der vielen bewaffneten Konflikte, in welchen die USA seit dem Zweiten Weltkrieg verwickelt waren,

→ einen Helden auf einer mythischen Reise, die ihn als Person reifen lässt und seine Wunden heilt.

Walt dominiert den ganzen Film nicht nur durch seine herausragende Stellung in der Handlung, sondern auch wegen dieser Einbindung in so viele soziale, kulturelle, historische und psychologische Kontexte. An Walt und den anderen Figuren lässt sich gut der Unterschied zwischen „round" und „flat characters" veranschaulichen. Nur der Protagonist ist in *Gran Torino* wirklich komplex und vielschichtig und deshalb ein „round character". Außerdem durchläuft er eine umfassende und für den Zuschauer überraschende Entwicklung. Alle anderen sind dagegen eher eindimensional. „Flat characters" haben nur eine begrenzte Anzahl von Eigenschaften, und sie verändern sich im Verlauf der Handlung entweder gar nicht wie Mitch Kowalski und Spider, oder ihre Entwicklung ist recht vorhersehbar wie bei Thao.

*Als einzige Figur komplex und vielschichtig angelegt*

### Die Familie Kowalski

Walt hat zwei Söhne, Mitch und Steve. Außerdem treten noch Mitchs Ehefrau Karen und die Enkel Ashley und Josh auf. Diese Familie ist ihm fremd geworden. Es gibt wenig Gemeinsamkeiten, aber er gesteht Pater Janovich auch ein, dass es Versäumnisse in der Vergangenheit gab: „I was never close to my two sons. I don't know them. I didn't know how." Er hat erst mit Thao erlebt, wie befriedigend das Vater-Sein ist, aber für seine Söhne kommt das zu spät. Sie sind schon um die fünfzig und mussten immer ohne echte väterliche Fürsorge auskommen. Beide kennen ihn nur als lieblosen und reizbaren Tyrannen. Walt unternimmt einen halbherzigen, scheiternden Versuch, sich an Mitch zu wenden, nachdem er von seiner Krebsdiagnose erfahren hat. Danach ist das Kapitel Kowalski für ihn abgeschlossen, weil die Unterschiede in den Wertvorstellungen zwischen ihm und den anderen zu groß sind, um sie noch zu überbrücken. Seine Söhne und die Schwiegertochter sind als typische Vertreter von Suburbia, der weitläufigen Welt der Vororte, charakterisiert. Für Walt sind sie Menschen, die aus dem Zentrum geflüchtet sind, um im langweiligen Speckgürtel der Stadt ein austauschbares Leben zu führen. Ihre Ambitionen richten sich vor allem auf Karriere und Konsum.

*Typische Vertreter von Suburbia*

Ashley, Mitchs und Karens ca. siebzehnjährige Tochter, ist eine Kontrastfigur zu Sue und der unsympathischste Charakter in dem Film. Gegen sie hegt Walt offene Abneigung. Sie erscheint mit freiem, gepierctem Bauchnabel in der Kirche zur Trauerfeier ihrer Großmutter, und sie kann Walts Tod kaum erwarten, damit sie bald seinen Gran Torino und die schicke „Retrocouch" erben kann. Ashley ist eine Karikatur einer materialistischen und oberflächlichen Jugend, die nur Ansprüche und keine Pflichten kennt. Ihre Aufmerksamkeitsspanne ist kurz, aber sie erwartet, dass die Welt sich nach ihr richtet.

### Die Familie Lor

Die Familie Lor besteht aus Großmutter, Mutter und Tochter sowie dem Sohn Thao. Darüber hinaus spielt sich in ihrem Haus ein reichhaltiges soziales Leben ab. Häufig treffen sich hier Verwandte, Nachbarn und Freunde zu gemeinsamen Festen. Die Mutter ist nur eine Nebenfigur, die auch wegen fehlender Englischkenntnisse noch schlecht integriert ist und sehr unsicher wirkt. Die Großmutter dient vor allem als „comic relief". Sie sitzt Walt gegenüber auf ihrer Veranda und bringt durch lautstarkes Schimpfen in Hmong, unfreundliche Blicke und demonstratives Ausspucken zum Aus-

5 ERZÄHL-
STRATEGIEN

6 FILMSPRACHE

7 MUSIK
UND TON

8 REZEPTION

9 ENGLISH
ABSTRACT

druck, dass sie nichts von ihm hält. Der Vater zeichnet sich durch Abwesenheit aus und kommt seinen Pflichten nicht nach.

Thaos etwa zwanzigjährige Schwester Sue hat sich als einziges Familienmitglied gut an das Leben in den USA angepasst. Sie entspricht dem von Walt selbst erwähnten Stereotyp, dass „all you Asian girls were supposed to be so smart." Es wird nicht direkt erwähnt, dass sie ein College besucht, aber offensichtlich wäre sie dafür bestens befähigt. Sue ist selbstbewusst und resolut. Nach Kräften tritt sie den Gefahren entgegen, die ihr und ihrer Familie drohen, weiß aber, dass dies ohne Hilfe von außen nicht gelingen kann. Sie glaubt in Walt jemand gefunden zu haben, der dafür geeignet ist und der ihrem Bruder Thao den Vater ersetzen kann. Durch Walts anfänglich feindseliges Verhalten lässt sie sich nicht

Sue ist selbstbewusst und resolut

Sue (Ahney Her) erkennt, dass Walt ein guter Mensch ist.
© picture alliance / Mary Evans Picture Library

abschrecken. Aufgrund ihrer ausgeprägten Menschenkenntnis sieht sie in ihm etwas, dass er selbst noch nicht weiß, dass sich nämlich hinter seiner groben Fassade ein guter Mensch verbirgt. Sue hat außerdem Sinn für Humor und erwirbt sich Walts Respekt, wenn sie ihm seine politisch inkorrekten Sticheleien („Just keep your paws off my dog.") nicht übel nimmt, sondern schlagfertig pariert: „No worries. We only eat cats." Dass er sie „dragon lady" und ähnliches nennt, ficht Sue nicht an.

**Sue als Vermittlerin**

Walts neue Freundin hat in dreierlei Hinsicht eine wichtige Funktion als Vermittlerin:

→ sie sorgt dafür, dass die Verbindung zwischen Thao und Walt zustande kommt und nicht abreißt,

→ sie führt Walt in die Feinheiten der ihm fremden Hmong-Geschichte und -Kultur ein,

→ sie ist ein Sprachrohr des Erzählers, der sie die Vorgänge in der Familie und der Nachbarschaft kommentieren lässt, damit der Zuschauer sie besser versteht.

Manchmal geht Sues Ironie in Sarkasmus über. In der Szene, in der sie von drei jungen Männern in die Enge getrieben wird, provoziert sie die anderen etwas zu forsch mithilfe ihrer überlegenen Bildung und Rhetorik: „Oh, of course, right to the stereotype thesaurus. Call me ‚whore' and ‚bitch' in the same sentence."

**Thao im Identitätskonflikt**

Sues jüngerer Bruder Thao durchlebt sehr heftig die Identitätskonflikte eines jungen Mannes, der zwischen zwei Kulturen steht. Er ist nicht so anpassungsfähig und kontaktfreudig wie seine Schwester. Die Schule hat er schon verlassen, aber er lässt sich treiben und geht keiner festen Beschäftigung nach. Bevor er Walt begegnet, weiß er nicht, was er mit seinem Leben anfangen soll. Die Erwartungen, die aus seiner Umgebung an ihn herangetragen werden, kann

5 ERZÄHL-
STRATEGIEN

6 FILMSPRACHE

7 MUSIK
UND TON

8 REZEPTION

9 ENGLISH
ABSTRACT

oder will er nicht erfüllen. Weder strebt er die traditionelle Rolle des Familienoberhaupts an noch will er sich in die kriminelle Gang seines Cousins Spider hineinziehen lassen. Am Ende hat er schließlich eine Aufgabe gefunden, die seinen Neigungen entspricht. Mit seinem handwerklichen Geschick und seinem Fleiß erwirbt er sich Ansehen und Einkommen, und möglicherweise wird er später, wie von Walt angeregt, auch eine Hochschule besuchen. Vor allem aber ist er nun wirklich in Amerika angekommen, wofür der von Walt an ihn übertragene Gran Torino der entscheidende Beweis ist.

## Die Hmong-Gang

Die Gang besteht aus fünf Mitgliedern, von denen nur Spider (eigentlich Fong) und Smokie Namen haben. Sie haben kaum individuelle Züge und fungieren nur als aggressive und skrupellose Gegenspieler des Helden. Meistens „cruisen" sie im Auto herum, lassen keine Gelegenheit für eine Streit aus und machen illegale Geschäfte. Die Gang verbreitet durch regelmäßige Machtdemonstrationen eine Atmosphäre der Angst im Viertel. Deshalb wagt niemand, gegen sie auszusagen, und erst Walts Tod bringt sie ins Gefängnis. Es ist besonders verwerflich für Walt, dass sie ihre eigene Volksgruppe in Schrecken versetzen und dass Spider sogar seine eigene Cousine vergewaltigt.

Auch diese jungen Männer sind vermutlich vaterlos aufgewachsen, wie viele in den Problemzonen der amerikanischen Innenstädte. Die Gang ist für sie eine Ersatzfamilie, in der sie Schutz, klare Strukturen, Rituale und Aufgaben finden. Da Gangs sich aber über die Anwendung exzessiver kollektiver Gewalt und kriminelle Aktivitäten definieren, isolieren ihre Mitglieder sich schon nach kurzer Zeit endgültig von der Möglichkeit eines herkömmlichen Lebens mit Ausbildung, Familie und legaler Arbeit. Diesem Schicksal hätte auch Thao vermutlich nicht ausweichen können, wenn Walt ihm nicht einen anderen Weg aufgezeigt hätte.

Aggressive
Gegenspieler
des Helden

Die Gang als
Ersatzfamilie

## Pater Janovich

Wächst mit
seinen Aufgaben

Walt findet deutliche Worte für den Pfarrer, der ihn bedrängt, endlich wieder zur Beichte zu gehen: „The problem is I think you're an
overeducated, 27-year-old virgin." Für Walt ergibt das Konzept des
Zölibats keinen Sinn. Es ist einer der Gründe dafür, dass Männer
wie Janovich nicht über die Lebenserfahrung verfügen, die sie eigentlich benötigen, um Menschen in schwierigen Situationen angemessen Hilfe und Trost zu bieten, jedenfalls einem wesentlich
älteren wie Walt. Wenn sie noch so jung und etwas naiv sind wie
Janovich, greifen sie notgedrungen auf Angelerntes aus dem Pries-
terseminar zurück, wo die Ausbildung nach Walts Meinung auch
nicht für die Praxis taugt. Dieser Pfarrer kompensiert aber seine
Nachteile durch Hartnäckigkeit. Er lässt sich nicht abwimmeln und
wächst mit seinen Aufgaben. Dass er einer schwierigen Mission
nicht ausweicht, beweist seine Arbeit mit Hmong-Gangs. Dabei
dürften seine Unerfahrenheit und sein jugendlicher Elan nicht von
Nachteil sein.

Pater Janovich
(Christopher
Carley) erweist
sich als hart-
näckig.
© picture
alliance / Mary
Evans Picture
Library

## 5. ERZÄHLSTRATEGIEN

### Poetische Gerechtigkeit

*Gran Torino* ist das idealtypische Beispiel eines exzellent gemachten populären Spielfilms, der dem Zuschauer über einen Zeitraum von knapp zwei Stunden eine Geschichte erzählt, die ihn vollständig in seinen Bann zieht. Wie man so etwas macht, wird in Ratgebern für Drehbuchautoren beschrieben und an Filmhochschulen gelehrt, ist aber trotzdem nur begrenzt erlernbar. Die Kunst besteht darin, für bewährte Muster des Erzählens jeweils eine kreative neue Verwendung zu finden. Außerdem müssen gegensätzliche Dinge glaubwürdig in ein Gleichgewicht gebracht werden[14]. So enthält ein solcher „well-made film" einerseits Elemente aus der realen Lebenswelt, also Figuren, Situationen und Konflikte, die dem Zuschauer aufgrund seiner Lebenserfahrung bekannt und plausibel vorkommen. Jeder kennt zum Beispiel Menschen wie Walts Söhne und Schwiegertochter, die sich wenig um ihre alten Eltern kümmern. Mit Vorbehalten gegen Einwanderer ist man ebenfalls schon in Berührung gekommen. Wenigstens vom Hörensagen weiß schließlich jeder, dass Jugendgangs in bestimmten Städten ganze Viertel in Furcht und Schrecken versetzen. Andererseits enthält *Gran Torino* eine Form von Wirklichkeit, die wir kaum mit unserer Alltagserfahrung vereinbaren können. Es ist zwar zum Beispiel nicht unmöglich, aber doch eher unwahrscheinlich, dass ein alter Mann sich noch einmal in eine ganz neue Person verwandelt. Dass er dabei den Kampf mit einer gefährlichen Gang aufnimmt, ist ebenfalls nicht ausgeschlossen, bei näherer Betrachtung aber höchst ungewöhnlich. Mit dem weisen Schamanen, der einem

Kreative Verwendung bewährter Muster

---

14 Vergleiche zu diesem Kapitel Krützen, Michaela: a.a.O. und Boggs, Joseph M. u. Dennis W. Petrie: *The Art of Watching Films.* 7. Aufl., McGraw-Hill: New York, 2008, vor allem S. 41 ff.

Mann zum ersten Mal begegnet und sofort in dessen Seele blickt, überschreitet der Film sogar die Grenze zur Märchenhaftigkeit.

**Kombination von Realismus und Märchen**

Allerdings sind wir an diese Kombination von Realismus und Märchen im Kino gewöhnt und lassen uns gerne darauf ein. Filme, die sich ausschließlich um nüchterne Darstellung des Lebens bemühen, werden von vielen als langweilig empfunden und sind selten ein Kassenerfolg. Beliebter sind Filme, in denen das Unwahrscheinliche wahrscheinlich wirkt und die trotz eines Bezugs zu aktuellen Themen zeitlos wirken. Sie zielen darauf ab, etwas ewig Gültiges im Alltäglichen zu zeigen, in diesem Fall das uralte Prinzip der poetischen Gerechtigkeit („poetic justice"), welches in *Gran Torino* ebenso wirksam ist wie in Volksmärchen, den Dramen von William Shakespeare und den Romanen von Charles Dickens. Hinter diesem Prinzip verbirgt sich die moralische Überzeugung, dass gute Leute wie die Lors in Zeiten der Bedrängnis Schutz verdient haben, dass ihrem Retter Walt eine Belohnung zusteht und dass es richtig ist, wenn Spider und seine Freunde für ihre bösen Taten bestraft werden, damit die Welt eine bessere wird.

**Versprechen einer besseren Welt in der Zukunft**

Damit ein Film wie *Gran Torino* seine Wirkung entfalten und seine Botschaften glaubwürdig vermitteln kann, müssen die Filmemacher selbst und der Zuschauer jeweils einige Spielregeln beachten, deren Kenntnis fest in unserer Kultur verankert ist. Der Film hält sich an seinen Teil der Vereinbarung, indem er den guten Willen des Publikums nicht überstrapaziert (wie es andere Filme tun mit fadenscheinigen Charakteren, plumpen Zufällen, zweifelhaften Happyends usw.). Der Zuschauer wiederum bringt die Bereitschaft zu etwas auf, das der englische Schriftsteller Samuel Taylor Coleridge (1772–1834) als „that willing suspension of disbelief for the moment" bezeichnet hat. Man legt, solange die Geschichte dauert, seine Skepsis ab und lässt sich auf Dinge ein, denen man im tatsächlichen Leben wenig Glauben schenken würde.

**Ford Torino**

In den Sechziger- und Siebzigerjahren waren in den USA sogenannte „muscle cars" sehr beliebt: schnittige, sportlich aussehende Mittelklassewagen mit zwei Türen und kräftigem Achtzylindermotor. Sie waren preiswerter als Sportwagen und deshalb bei jungen Fahrern sehr begehrt. Diese Wagen benutzte man für die beliebten „drag races", bei denen zwei Fahrzeuge nebeneinander auf einer geraden Strecke von meistens einer Viertelmeile gegeneinander antraten. Der Gran Torino wurde bei Ford von 1972 bis 1976 gebaut. Er war auch das Auto der Wahl der beiden Detektive in der kultigen Krimiserie *Starsky & Hutch* (1975–1979). In dem vierten Teil der Actionfilm-Serie *Fast & Furious* spielt ebenfalls ein Gran Torino eine Rolle. Walts Fahrzeug ist ein grüner 1972er Gran Torino Sport mit Fließheck und 252 PS, der wahrhaft beeindruckend aussieht. Es wurde schon bemerkt, dass er mit dem auffälligen Kühlergrill und den eckig gerahmten, doppelten Frontscheinwerfern wirkt wie ein „angry barracuda [...] about to eat its prey. It's a perfect match for the angry and mean Walt"[15]. Ab Mitte der Siebziger wurden immer weniger „muscle cars" gebaut. Nach der Ölkrise von 1973 waren Autos, die 30 Liter Benzin verbrauchen, nicht mehr zeitgemäß. Heute sind Wagen wie der Gran Torino und der Chevrolet Chevelle begehrte Sammlerstücke.

---

15  Dunton, Pete: *1972 Ford Gran Torino Sport – Walt Kovalski's Pride and Joy.* In: *Pete Duntton's Old Car Memories.* February 21, 2009. Im Internet: http://oldcar-memories.com/1972-ford-gran-torino-sport-walt-kowalskis-pride-and-joy/ (Stand Mai 2017)

## The Unity of Effect

Der Zuschauer stellt seine Zweifel angesichts der märchenhafteren Fiktionen in Gran Torino auch deshalb zurück, weil der Film ein weiteres Prinzip befolgt. Der amerikanische Autor Edgar Allan Poe (1809–1849) hat im Zusammenhang mit der Kurzgeschichte dafür den Begriff „unity of effect or impression" geprägt. Ein Film kann wie eine Kurzgeschichte „at one sitting", also in einem Zug und ohne Unterbrechung, aufgenommen werden. Deshalb kann sich der Zuschauer intensiv und ohne abgelenkt zu werden, in das Filmerlebnis versenken. Das gilt in gesteigerter Form für den Kinobesucher, der im dunklen Saal besonders gut von äußeren Einflüssen abgeschirmt ist. Aber erst durch den einheitlichen Effekt, welcher in der Filmwissenschaft auch mit dem Begriff „Kontinuität" bezeichnet wird, ist die Vertiefung des Zuschauers vollkommen. Er verwickelt ihn vollständig in die Handlung und weckt die Illusion, dass man mitten im Geschehen steht. Die Grundvoraussetzung ist, dass das Geschehen nahtlos, leicht nachvollziehbar und aus einer einheitlichen Perspektive (im Fall von *Gran Torino* aus Walts Sicht) erzählt wird. Außerdem sollte der Plot folgende Merkmale aufweisen:

*Der Zuschauer wähnt sich mitten im Geschehen*

*Merkmale des Plots*

→ eine geschlossene Erzählweise mit markanten Wendepunkten wie bei der „Reise eines Helden" (siehe Kapitel 2),

→ eine Verknüpfung der Ereignisse, die natürlich und notwendig erscheint,

→ ein klar definiertes Ziel für den Helden (Walts Wunsch, aus Thao einen Mann zu machen, außerdem seine Suche nach Erlösung von der alten Schuld),

→ einen hochgradig motivierten Helden (eine sogenannte „Wunschmaschine"), der unter keinen Umständen locker lässt und die Handlung unnachgiebig vorantreibt; Walts Drang, die

5 ERZÄHL-
STRATEGIEN

6 FILMSPRACHE

7 MUSIK
UND TON

8 REZEPTION

9 ENGLISH
ABSTRACT

Drei zentrale
Motive in einem
Bild: der Gran
Torino, Walts
Gewehr, die
Flagge
© picture-
alliance / dpa

Dinge zum Abschluss zu bringen, lässt auch dann nicht nach,
wenn die meisten Menschen längst resigniert hätten, vor allem
nach der letzten Machtdemonstration der Hmong-Gang,
→ Anwendung der Prinzipien Parallele und Kontrast: Beide
sind zum Beispiel in den zwei Beichtszenen in Kombination
vorhanden. Die erste zeigt eine nach den Regeln der Kirche
korrekte Beichte mit einem Priester in einem Beichtstuhl,
welche Walt aber nur pro forma und lustlos hinter sich bringt;
die zweite findet abseits der Institution Kirche in einem Kel-
lerraum statt, der nur wie ein Beichtstuhl in Szene gesetzt ist;
diesmal ist Walts Geständnis aber ernst gemeint und erlösend.

Netz von
Leitmotiven

Weiterhin entwickelt sich der einheitliche Effekt aus einem Netz von Leitmotiven, welches der Erzähler über den ganzen Film geworfen hat. Das zentrale Motiv ist der titelgebende **Gran Torino**. Walt verwahrt und pflegt das Auto wie einen Schatz. Es ist eine Stil-Ikone und repräsentiert amerikanische Werte und Haltungen, an die er glaubt, nun jedoch bedroht sieht: hochwertige Industriekultur, großes Arbeitsethos (er ist stolz darauf, dass er selbst in den Siebzigern am Fließband bei Ford Gran Torinos montiert hat), Individualismus und Freiheit. Dass er nicht seine eigene Enkelin, sondern Thao für würdig befindet, den Gran Torino zu fahren und schließlich zu besitzen, ist das stärkste Symbol für die Veränderung von Walts Persönlichkeit. Wichtige Motive sind außerdem **Walts Gewehr** und **Feuerzeug**. Beide Gegenstände hat er aus dem Krieg mitgebracht, sie stehen für seine unverarbeitete Vergangenheit. Dass er am Ende nicht von dem Gewehr Gebrauch macht, ist ebenfalls bezeichnend. Walt verzichtet auf weitere Gewalt und macht das Feuerzeug zum Instrument seiner Befreiung. Die **amerikanische Flagge**, die **Speisen bei den verschiedenen Feiern** und **Walts Werkzeuge** sind weitere Motive, in welchen sich die Figuren und Themen des Films spiegeln und die *Gran Torino* Zusammenhalt geben. Eine Motivstruktur ist zusätzlich ein Mittel, um Dinge in der Schwebe zu lassen, damit der Zuschauer mit seinem Verstand und seiner Phantasie daran anknüpfen kann.

Die Schönheit
und Utopie des
geschlossenen
Plots vs. die
unvollkommene
Realität

Der „einheitliche Effekt" entspricht ebenfalls nicht der alltäglichen Erfahrung des Zuschauers. In der wirklichen Welt fehlt es oft an einem sinnstiftenden Zusammenhang und klar umrissenen Lebenszielen. Die Handlungsmöglichkeiten, welche Filmfiguren haben, bieten sich dem Normalbürger ebenfalls nicht, geschweige denn aufregende Abenteuer, wie sie Walt noch in hohem Alter erlebt. Filme, die sich stärker dem Realismus verschrieben haben, bevorzugen deshalb wechselnde Perspektiven, zeigen Kontinuitätsbrüche auf und erzählen episodenhaft und offen. Der „einheitliche Effekt" ist dagegen wie die poetische Gerechtigkeit eine Utopie. Die Schönheit des geschlossenen, spiralförmigen Plots und der Leitmotive bilden ein Gegengewicht zur unvollkommenen Realität und rühren an innere Wünsche des Zuschauers.

## Story und Plot

Unter einer Story versteht man die Menge von Handlungen und Ereignissen, welche die Grundlage für eine Erzählung bilden, also alles, was in einem bestimmten Zeitraum geschieht, und zwar in chronologischer Reihenfolge. Diese Menge ist unendlich groß und komplex. Umfangreiche Teile der Story von *Gran Torino* sind für das Publikum nebensächlich und uninteressant: wie Walt beim Frühstück sitzt, seine Einkäufe macht, den Dachboden aufräumt und vieles mehr. Der Plot reduziert die Story auf das Notwendige. Er umfasst die Menge von Handlungen und Ereignissen, welche der Erzähler für wichtig genug hält, um sie zu berichten. Nebensächliches wird konsequent weggelassen, das andere in eine organisierte Reihenfolge gebracht. Weiterhin verbindet der Plot die ausgewählten Ereignisse zu einer zusammenhängenden Kette aus Ursachen und Folgen. Aus den Aussagen „Ein weißer Rentner trifft einen jungen Asiaten" und „Er kümmert sich um ihn" wird erst ein Plot durch den Zusatz: „weil er unterbewusst spürt, dass er an ihm stellvertretend ein vor langer Zeit an einem anderen asiatischen Jungen begangenes Unrecht wieder gutmachen kann."

## Action, Spannung, Humor

Interne und externe Action

Populäre Filme vermeiden Stillstand und halten die Aufmerksamkeit konstant auf einem hohen Niveau. Action ist ein Mittel, um den Rhythmus und das Tempo der Handlung zu beschleunigen. Dabei ist zwischen äußerer und innerer (psychologischer) Action zu unterscheiden. Die erste Art umfasst Situationen wie Verfolgungsjagden, Schießereien usw., die zweite lebhafte Vorgänge im Bewusstsein der Figuren, welche u. a. in ihren Handlungen, im Dialog sowie in Mimik und Gestik zum Ausdruck kommen. In *Gran Torino* sind beide Arten zu finden. Physische Action findet vor allem in den Szenen mit der Hmong-Gang statt, zuerst bei der Kraftprobe auf dem Rasen vor dem Lor-Haus, am heftigsten bei dem Drive-by-Shooting auf dasselbe Haus und zuletzt in der Szene, in der Walt erschossen wird. Walt greift in allen drei Fällen ein, ohne aber selbst handgreiflich werden zu müssen. Die Erfindung eines fast achtzigjährigen Actionhelden hätte zu viel „suspension of disbelief" beim Zuschauer vorausgesetzt. Körperliche Gewalt wendet Walt nur an, als er Spiders Freund Smokie allein antrifft und überrumpelt. Innerlich brodelt es in Walt allerdings ständig. Laufend ist er wütend, am meisten, als er von Sues Vergewaltigung erfahren hat und er seinen Zorn an der Wohnungseinrichtung abreagiert. Auch andere Charaktere präsentieren sich oft gereizt oder aufgewühlt, sogar Mitch und seine Frau, die jede Begegnung mit Walt als Kränkung oder Enttäuschung erleben, und der Pfarrer, als er meint, Walt von einem bewaffneten Alleingang abhalten zu müssen. Sues und Thaos Mutter wiederum ist vor allem von Furcht vor der Gang beherrscht. Oft geht diese interne Action mit der externen fließend ineinander über, wenn zum Beispiel Spider und seine Leute Thao nachstellen, als er gerade von der Arbeit auf der Baustelle kommt. Spider sieht man die Genugtuung über die günstige Gelegenheit an, Druck auf den widerspenstigen Cousin ausüben zu können, während sich Thao erkennbar wehrlos ausgeliefert fühlt. Tatsächlich wird ihm gleich eine brennende Zigarette ins Gesicht gedrückt.

*Gran Torino* bedient sich außerdem verschiedener Techniken, um durch Spannung das Energielevel zu erhöhen. Spannung entsteht in erster Linie durch die starke Identifikation des Zuschauers mit dem Protagonisten Walt. Während des Films leiden wir mit ihm, fragen uns, wie er seine Ziele erreichen will, und hoffen auf einen guten Ausklang. Es kommt hinzu, dass Walt uns gegenüber einen Wissensvorsprung hat. Was seine Kriegserlebnisse betrifft, erhalten wir bis kurz vor dem Ende nur Andeutungen, die zunehmend genauer werden. Wir wissen, dass sie sein ganzes Leben beeinträchtigt haben, aber nicht, was genau vorgefallen ist. Erst als er sich Thao gegenüber offenbart, wird das Geheimnis aufgedeckt, und es fällt dem aufmerksamen Zuschauer jetzt auch wie Schuppen von den Augen, welche Verbindung er zwischen Vergangenheit und Gegenwart, zwischen seiner furchtbaren Tat in Korea und seinem neuen Freund Thao sieht.

> Spannung entsteht durch Identifikation des Zuschauers mit dem Helden

Wie viele populäre Filme endet *Gran Torino* auf dem Höhepunkt seiner Spannungskurve (wenn man von dem kurzen Epilog nach Walts Tod absieht). Dabei gilt ein Schluss dann als gelungen, wenn er sowohl unausweichlich wie auch überraschend wirkt. In *Gran Torino* weiß man ab der Mitte des Films, dass Walt der finalen und mit Sicherheit blutigen Auseinandersetzung mit Spiders Gang nicht ewig aus dem Weg gehen kann. Diese Eindrücke werden noch intensiviert, als sich mit Beginn des dritten Akts (siehe Kapitel 2) die Lage zuspitzt und Walt die Gang schließlich offen herausfordert. Die Spannung wird dann tatsächlich in einem kurzen, aber heftigen Akt der Gewalt entladen, jedoch stellt sich heraus, dass der Film die Erwartungen des Zuschauers in eine falsche Richtung gelenkt hat. Immer wieder war zu sehen, dass Walt eine Affini-

> Der Schluss: unausweichlich und trotzdem überraschend

tät zu Schusswaffen hat und auch jetzt glaubt man, er habe einen Revolver in der Jacke. Tatsächlich ist er aber unbewaffnet und erreicht mit einer List und ohne eigene Gewalt, was er will, stirbt allerdings selbst dabei. Ein solcher Schluss erfüllt die emotionalen Bedürfnisse des Zuschauers und bringt ihn zugleich zum Staunen. Der Held erreicht seine Ziele, die Bösen werden bestraft, aber alles geschieht anders, als man dachte. In diesem Fall gab es überhaupt keine Vorausdeutungen oder sonstigen Informationen hinsichtlich dessen, was Walt wirklich vorhat. Eine solche Manipulation wird einem Film aber nicht angelastet, sondern wegen des Resultats (der gelungenen Überraschung) als lustvoll erlebt.

**Weitere Spannungstechniken**

Weiterhin verwendet *Gran Torino*

→ **Thrills:** Dabei wird das Gefühl unterschwelliger oder direkter Bedrohung auf hohem Niveau über einen längeren Zeitraum aufrechterhalten. Ein Beispiel ist die Szene, in der Sue und ihr Begleiter sich in ein gefährliches Viertel verlaufen haben und von gewaltbereiten Männern bedroht werden. Der Thrill ebbt erst ab, als Sue mit Walt im Auto davonfährt.
→ **Schockeffekte:** Walts unerwarteter, plötzlicher Tod am Ende ist ein Beispiel für diese Technik. Dabei wird der Zuschauer unvermittelt und ohne dass er damit rechnet, rohen Gewaltdarstellungen oder erschreckenden Anblicken ausgesetzt.
→ **eine Deadline:** Wenn man den Helden nötigt, etwas innerhalb einer bestimmten Frist zu tun, wird es automatisch spannend (vergleiche Kapitel 2).

**Humorvolle Momente zur emotionalen Entlastung des Zuschauers**

Darüber hinaus sind in *Gran Torino* immer wieder humorvolle oder groteske Situationen und witzige Dialoge eingefügt. Sie dienen inmitten dieser ernsten Geschichte dem Abbau von Spannung und der emotionalen Entlastung des Zuschauers. Geschichten über alte

Menschenfeinde werden oft als Tragikomödien erzählt, denn es
wirkt erschütternd und erheiternd zugleich, wenn jemand an seinem Lebensabend so wenig Weisheit und Souveränität aufbringt
und nur die Welt für die eigenen Fehler und schlechte Laune ver-
antwortlich macht. Zunächst wirkt Walt wie die Karikatur eines
hoffnungslos zurückgebliebenen Rassisten. Seine Sprüche über
Asiaten und Schwarze sind so absurd übertrieben, dass Walt sich
dadurch selbst entlarvt. Der Zuschauer quittiert mit Schadenfreu-
de, dass die Hmong-Großmutter sich von ihm nichts gefallen lässt.

Zu anderen Themen wirkt seine Offenheit aber auch erfri-
schend, etwa wenn er die durchsichtigen Schmeicheleien seiner
Enkelin Ashley rüde zurückweist. Der Zuschauer sieht ohnehin
aufgrund seiner Kenntnis ähnlicher Figuren aus anderen Filmen
voraus, dass sich hinter der rauen Fassade etwas Besseres verbirgt, was sich auch bald bestätigt. Je weiter Walt sich wieder auf
die Welt einlässt, desto mehr bricht bei ihm Selbstironie durch. Er    Selbstironie
findet es zum Beispiel angebracht, dass sein Freund, der Friseur
Martin, ihn mit seiner ethnischen Herkunft herzhaft neckt („It's
been ten bucks for the last five years and you know it, you thick-
skulled, old Pollack son of a bitch."). Witze dieser Art gehören seiner und Martins Meinung nach unter amerikanischen Männern
zum guten Ton dazu, wenn es auf Gegenseitigkeit beruht. Die
beiden haben eine Kunstform daraus gemacht, sich gegenseitig
zu beschimpfen. Es ist etwas, das man eigentlich aus dem Old-
School-Hip-Hop kennt: ein Wettbewerb, bei dem man das Gesagte
nicht wörtlich nehmen darf und in dessen komplizierte Regeln der
Neuling ausführlich eingeweiht werden muss.

Zu Thaos Erziehung zum Mann gehört auch das Erlernen des
halb scherzhaften, halb ernsthaften Geplänkels unter Männern
über die immer gleichen Themen (Klagen über die Ehe, Autos). Er
legt schließlich erfolgreich seine inoffizielle Prüfung in dem Bau-

stellenbüro ab, wo er zur Belohnung als Arbeiter eingestellt wird. Diese Situation ist als Gag inszeniert, den der Film über einen längeren Zeitraum seit der Vorstellung Thaos in Martins Friseursalon systematisch aufgebaut hatte.

### Zitate, Anspielungen, Hommage

*Dialog mit dem Publikum*

*Gran Torino* ist mit einer ganzen Ebene von Anspielungen auf andere Filme und Texte unterlegt. Für den Erzähler ist dies eine Möglichkeit, auf Traditionszusammenhänge und kulturelle Hintergründe zu verweisen. Er tritt damit in einen Dialog mit den Zuschauern, allerdings nur mit jenen, die mit den Filmen und Texten vertraut sind, auf die angespielt wird.

Eher unbeabsichtigt ist vermutlich die Verwandtschaft des Walt Kowalski mit dem alten Mythos vom Menschenfeind, der am Ende seines Lebens sein Herz entdeckt. Ältere Beispiele aus der Literatur sind Ebenezer Scrooge in Charles Dickens' *A Christmas Carol* (1843) und der Earl of Dorincourt in *Little Lord Fauntleroy* von F. H. Burnett. Dass der Name Kowalski völlig zufällig gewählt wurde, ist dagegen unwahrscheinlich. Stanley Kowalski ist die Hauptfigur in Tennessee Williams' Drama *Endstation Sehnsucht* (*A Streetcar Named Desire*), ein proletarischer und jähzorniger Kraftmensch. Marlon Brando spielte die Rolle in der Uraufführung am Broadway (1948) und in Elia Kazans Verfilmung (1951). Der Schauplatz ist

*Der Name Kowalski*

New Orleans, wo der Pole Kowalski als Repräsentant einer neuen vitalen Schicht von Einwanderern in Konflikt mit seiner sich vornehm gebenden Schwägerin Blanche gerät, die den Niedergang der alten Südstaaten-Kultur und ihrer eigenen privilegierten Stellung nicht verwinden kann. In *Gran Torino* ist der Pole Kowalski nun in der Blanche-Rolle. Er stemmt sich am Anfang vergeblich gegen den Verlust der alten Verhältnisse in Amerika und gegen die nächste Welle der Immigration. Auch der Protagonist in dem

bekannten Road Movie *Fluchtpunkt San Francisco* (*Vanishing Point*) von 1971 heißt Kowalski. Der Bezugspunkt liegt hier in dem Sport-coupé, welches das zentrale Motiv in dem Film ist. Statt eines Gran Torino wird hier ein Dodge Challenger gefahren.

Ein anderer amerikanischer Held mit dem Namen Kowalski: Marlon Brando mit Vivien Leigh in *Endstation Sehnsucht* (1951)
© picture-alliance

Wichtigste
Inspirations-
quelle:
der Western

Die wichtigste Inspirationsquelle ist aber der Western. Der gesamte Film, vor allem aber die zweite Hälfte, ist eine Hommage an das Genre und den Rollentypus, mit dem Clint Eastwood bekannt geworden ist. Man kann auch sagen, dass Eastwood sich in *Gran Torino* laufend selbst zitiert. Folgende Elemente aus dem Repertoire des Western kann man wiedererkennen:

→ Walts Straße sieht aus wie in einer Western-Stadt, wo man ebenfalls von den Veranden oder Bürgersteigen aus das öffentliche Leben beobachtet und sich belauert,

→ wie im Western gibt es Szenen im Saloon (Walts Stammlokal) und beim Barbier (Martins Friseursalon),

→ ein einzelner Held nimmt das Schicksal einer von Gesetzlosen terrorisierten Stadt in die Hand,

→ der Held hat einen jungen, unerfahrenen Sidekick,

→ Höhepunkt der Handlung ist ein Showdown, also ein Duell mit Schusswaffen zwischen dem Helden und seinen Gegnern unter den Augen der Bewohner der Stadt, durchgeführt nach üblichem Ritual mit Herausforderung und letztem Wortgefecht,

→ sorgfältige Vorbereitungen des Helden auf den Showdown: eine letzte Rasur, Überprüfung der Waffen (nur scheinbar), Abschied von den Freunden usw.

Diese Zitate verstärken auch die Erwartung des Western-kundigen Zuschauers, der darauf wartet, dass der Held seine Gegner im Duell erschießt. In diesem Fall bricht der Film aber mit den Gepflogenheiten des Genres und liefert einen Schluss, der das Publikum verblüfft.

CLINT EASTWOOD

# 6. FILMSPRACHE

Clint Eastwoods Filme warten so gut wie nie mit Experimenten auf. „Efficiency and economy" und „no-nonsense filmmaking"[16] sind die Markenzeichen des Regisseurs, außerdem der Wechsel zwischen längeren, ruhigen Passagen und plötzlich aufflammenden, eruptiven Szenen voller Aggression und heftiger Gewalt. All dies trifft auch auf *Gran Torino* zu. Dabei macht der Film, um die Entwicklung der Charaktere und den Fortschritt der Handlung zu veranschaulichen, den maximal wirkungsvollen Gebrauch wichtiger Mittel der Filmsprache. Er erzählt die Geschichte der Verwandlung des Walt Kowalski auch mithilfe von Licht, Schatten, Farbe, Kamerabewegung (Kamera: Tom Stern), Schnittfrequenz usw., wobei er sich zwischen zwei weit voneinander entfernten Polen mit verschiedenen Möglichkeiten des Übergangs dazwischen bewegt. Für den unerlösten, aufgewühlten, wütenden, von Angst und Schuldgefühlen geplagten Walt und alle Gewaltdarstellungen wird eine expressiv-dramatische Bildsprache verwendet, die Gemeinsamkeiten mit dem Noir-Stil im Film aufweist und auch mit der Chiaroscuro-Technik (hell-dunkel) der Gemälde von Caravaggio und Rembrandt. Für den sich wandelnden und zu neuem Bewusstsein kommenden Helden bevorzugt er hingegen eine eher klassische Filmsprache. Das eine Extrem wirkt oft unwirklich oder sogar surreal und bringt damit den unsicheren Status der Figuren und ihre Gefährdung zum Ausdruck, das andere wirkt wie ein Vorschein auf eine bessere, harmonische Welt.

Zwei Pole:
Expressiv-dramatische
Bildsprache
vs. klassische
Filmsprache

---

16  Sterritt, David: *The Cinema of Clint Eastwood. Chronicles of America.* New York: Wallflower Press, 2014. S. 75.

Ausdrucksstarkes
Schattenspiel
© picture
alliance / Mary
Evans Picture
Library

| | POL I:<br>FILM NOIR/CHIAROSCURO-STIL | POL II:<br>KLASSISCHER STIL |
|---|---|---|
| | **Der unerlöste, leidende Walt:** | **Während und nach Walts Verwandlung:** |
| Körper | halb im Schatten liegend; abgewandte Gesichter; auf wenige Regungen reduzierter Ausdruck | einander zugewandt; Gesichter im Licht; Blickkontakt |

| Licht, Schatten, Farbe | auffällige Kontraste bei Überwiegen von dunklen Bildpartien; hartes, von einer Seite einfallendes Licht; ausdrucksstarkes Schattenspiel; Akzent auf Vordergrund; ausgeprägte Linien, Gittermuster; dunkel getönte Farbpalette | weiches und warmes Licht; gleichmäßige Ausleuchtung von Vorder- und Hintergrund; wenig Schatten; frische, ausgewogene Farben |
|---|---|---|
| Kamera, Kamerabewegungen | schräge Winkel; verzerrte Perspektiven; oft unruhige Handkamera | „natürliche" Blickwinkel; weniger Kamerabewegung |
| Produktionsdesign | Keller; Walts unwohnlich, spärlich und lieblos ausgestattetes Haus; Dosenbier und Fertigmahlzeiten | Natur, Wasser, Gärten, Park; liebevoll ausgestattete Räume; Buffets, Teller mit interessant aussehenden Speisen |
| Montage | bei Actionszenen hektische Schnittfolge und Groß- und Detailaufnahmen von Körperfragmenten; Orientierungsverlust | häufiger überblicksartige Totale, lange Einstellunger; stellt Eindruck wachser der Intimität zwischen Dialogpartnern her |

## Szenenbeispiel 1:
## Der Einbruch in die Garage
00:20:05 – 00:21:17

Diese Szene ist eine große Metapher für Walts Seele, in der das, was nicht heilen konnte, unterschwellig präsent ist und an die Oberfläche drängt. Hier wird er frontal damit konfrontiert. Wir sehen, dass Walt auch nachts keinen Frieden findet und auf der Hut ist, denn wie in ständiger Alarmbereitschaft trägt er keine Schlafkleidung, sondern liegt in T-Shirt und Hose auf dem Bett. Als er in dieser Nacht ein Geräusch hört, ist er sofort hellwach. Im Schlafzimmer herrscht eine zwielichtige, geisterhafte Stimmung; das fahle Licht von draußen wirft durch die Jalousien Streifenmus-

Große Metapher für Walts Seele

ter über die Wand, das Kopfkissen und Walts Gesicht. In der ganzen Szene steigern Hell-Dunkel-Kontraste das Gefühl von Gefahr und Bedrohung. Ein Blick aus dem Fenster auf die Garage, in der ein Licht flackert, sagt ihm, dass ein Einbrecher sich dort zu schaffen macht. Während Walt sich beeilt, sein Gewehr aus der Truhe zu holen, und es durchlädt, kommen zusätzliche Unruhe und die Vorahnung einer bevorstehenden gewaltsamen Auseinandersetzung auf. Die Kamera unterstützt diesen Eindruck durch schnelle, hektische Bewegungen, auch später in der Garage, in der Walt gegen die Deckenlampe stößt und sie in Schwingung versetzt, wobei sich eine Wolke aus Staub vom Lampenschirm löst. Die Garage repräsentiert das untergegangene Leben im Detroit von früher mit dem Gran Torino und Walts sorgsam sortierten Werkzeug, Sinnbild seines an Industrie und Handwerk gebundenen männlichen Selbstverständnisses. Aber Walts Welt hat ihre Konturen verloren. Er nimmt im gespenstisch durch den Raum zuckenden Licht nur schemenhaft wahr, was geschieht, und verliert den Überblick. Schließlich stürzt er in dem Durcheinander zu Boden, in dem die Kamera nur noch Fragmente erfasst. In einem Bild sieht man zum Beispiel für einen ganz kurzen Augenblick links den Hinterkopf, einen erhobenen Arm und Teile vom Rumpf des stürzenden Walt und rechts ein Bein des flüchtenden Thao. Ein Schuss, den er abfeuert, schlägt in der Wand in ein Bierreklameschild ein. Der Vorgang ist ein Akt sinnloser Gewalt, der auch leicht in einer Katastrophe hätte enden können. Am Ende bleibt Walt allein und verletzt zurück, noch immer im bleich vorbeiblinkenden Licht am Boden liegend. Das Blut, das er ausspuckt, ist eine Vorausdeutung auf seinen ernsten Zustand und darauf, dass die Zeit, die ihm bleibt, begrenzt ist.

## Szenenbeispiele 2 und 3:
## In Walts Garten
01:06:45 – 01:10:10

In diesen zwei aufeinanderfolgenden Szenen erlebt der Zuschauer wie im Zeitraffer, wie das Eis in Walt Kowalskis Seele auftaut und Platz macht für mildere Gefühle. Hier findet eine Steigerung hin zum neuen Walt statt, nachdem er bei der Feier bei den Lors noch so überwältigt von der neuen Welt war, dass er einen Hustenanfall bekam und das Badezimmer aufsuchen musste, wo er beim Blick in den Spiegel ungeschützt mit seinem düsteren Selbst konfrontiert wurde. Jetzt sitzt er zuerst mit Sue auf der rückseitigen Veranda seines Hauses und blickt über den Rasen zu der weiter hinter gelegenen Garage, vor welcher Thao den Gran Torino einer gründlichen Wäsche unterzieht. Obwohl Walts altes schroffes Ich wieder aus kleinem Anlass durchbricht, behauptet Sue, dass er ein „good man" sei, weil er sich so selbstlos um Thao kümmere. Er weist diese Auffassung noch zurück, wobei Sue nicht wissen kann, was er damit wirklich meint. Trotzdem scheint ihm Sues Bemerkung gutzutun, denn am Ende der Szene lächelt er und nennt sie zärtlich „dragon lady". Später am Tag spricht er mit Thao, während dieser in Walts Garten Pflanzen setzt. Walts Gemütszustand hat sich inzwischen sichtlich aufgehellt, er macht sich Sorgen um Thaos Zukunft und übernimmt ohne Vorbehalt Verantwortung für ihn.

Der Schwebezustand, in dem sich Walt auf der Gartenveranda befindet, drückt sich filmisch nicht nur in seinem zwischen alter Düsternis und neuer Lebenszugewandtheit schwankenden Mienenspiel aus, sondern auch im filmischen Design. Die Szenerie ist grün, aber die Natur dominiert noch nicht die architektonischen Elemente mit ihren strengen Linien wie an der Backsteinwand, vor der Walt sitzt, und der hölzernen Brüstung und Treppe der Veranda. Die Montage setzt hauptsächlich auf Over-the-Shoulder-Shots

Das Eis in Walts Seele taut

im Schuss-Gegenschussverfahren, wobei die Einstellungsgrößen sich mit zunehmender Vertrautheit zwischen Walt und Sue verändern. Sieht man die beiden zunächst bis zur Brust abwärts, rückt die Kamera den Figuren schließlich näher und zeigt Großaufnahmen ihrer Gesichter.

In der zweiten Szene hat sich das Verhältnis von Architektur und Natur umgekehrt. Die Häuser der Nachbarschaft bleiben dezent im Hintergrund, aber wie eine schützende Einfriedung des Gartens, der mit seinen blühenden Blumen und üppigem Blattwerk ein beschauliches Refugium für das ernste Gespräch zwischen den beiden Männern ist. Die Farben fließen harmonisch ineinander, wobei Grün vorherrscht. Walt hat das gestreifte Hemd der vorhergehenden Szene gegen ein dezent blaues getauscht. Thao hockt fast die gesamte Zeit an der am prächtigsten gedeihenden Stelle und hantiert mit Pflanzen und dem schweren, schwarzen Boden. Das Schwere und Bittere fällt endgültig von Walt ab, die Rolle des väterlichen Freunds fällt ihm hier leicht. Die Kamera blickt an ihm hoch, wodurch er kraftvoll und souverän wirkt, dabei aber entspannt und vertrauenerweckend. Die langen Einstellungen und sparsamen Kamerabewegungen verstärken den Eindruck von Ruhe. Einzig Walts Feuerzeug mit dem Regimentswappen aus dem Koreakrieg ist eine Mahnung, dass er hier seinen endgültigen Garten Eden noch nicht gefunden hat. Am Rande des Gartens steht aber auch der Gran Torino, der in der vorhergehenden Szene noch nass und eingeseift vor der Garage zu sehen war. Nun steht er blitzblank und einsatzbereit als Symbol der Hoffnung bereit.

**Szenenbeispiele 4 und 5:**
**Beim Notar / Die Fahrt am See entlang**

01:45:26 – 01:47:00

Die zwei letzten, sehr kurzen Szenen kontrastieren scharf miteinander, so wie schon kurz zuvor der Anfang und das Ende von
Walts Todesszene. Diese beiden fungieren als eine Art Epilog und
bringen die beiden Pole der Erzählung (die Erstarrung vor der Erlösung / das neue Leben nach der Erlösung) und damit die Essenz
des Films noch einmal auf den Punkt. Die erste Szene spielt in
der Kanzlei, wo ein Notar Walts Testament verliest; in der zweiten
fährt Thao in dem Gran Torino, der jetzt ihm gehört, am Seeufer
entlang. Die erste Einstellung dient der Orientierung: Walts Verwandtschaft sitzt um den Tisch des Anwalts in froher Erwartung
einer schönen Erbschaft. Man sieht den Raum aus leicht erhöh-
ter, vertikaler Perspektive, dabei leicht verzerrt. Es gibt keine Be-
wegung, und an den Rändern ist es dunkel. Dort steht Thao mit
gebeugtem Kopf, klar als Außenseiter markiert. Durch die vielen
Linien von Bücherregalen, Möbeln und Sprossenfenstern verstärkt
sich das Gefühl der Beengung. Als Thao erfährt, dass der begehrte
Wagen auf ihn übergeht, hellt sich seine Miene auf. Dabei fährt die
Kamera von ihm weg und gibt ihm Raum und Bewegungsfreiheit,
viel mehr noch in der zweiten Szene, zu der sofort harmonisch
übergeblendet wird. In der ersten Einstellung sieht man Thao hinter dem Steuer und Daisy neben sich, und schließlich endet der
Film mit einem Blick auf eine sonnenbeschienene Szenerie, in der
Stadt und offene Parklandschaft ineinander übergehen. Am oberen
Bildrand entschwindet der Gran Torino in der Ferne zwischen dem
ruhig daliegenden blauen See auf der rechten Seite und Bäumen
zur linken.

Epilog und
Essenz des Films

## 7. MUSIK UND TON

Zwei Pole:
militärisch
klingendes Motiv
vs. melodiös-
melancholisches
Motiv

Ähnlich wie die Filmsprache ist auch die Musik in *Gran Torino* auf zwei weit auseinanderliegende Pole hin konzipiert. Es gibt ein percussion-lastiges, militärisch klingendes **Motiv I**, das Aggression und gewalttätige Auseinandersetzungen ankündigt und begleitet und das in verschiedenen Variationen und Intensitäten eingesetzt wird. Eine Trommel und Pauken signalisieren aufkommende Gefahr, ein anhaltend hoher Streicherton sorgt für zusätzliche Dramatik, so bei dem Aufeinandertreffen mit dem Einbrecher in Walts dunkler Garage. **Motiv II** basiert auf dem melancholischen Titelsong. Hier dominiert das Klavier, teilweise begleitet von Streichern und einer Gitarre. Hall verleiht dem Sound räumliche Tiefe. Dieses Motiv bringt einerseits Walts Sehnsucht nach Heilung von seiner Schuld und Zerrissenheit zum Ausdruck, andererseits klingt darin Abschiedsstimmung an, zum Beispiel in der Szene, als Walt mit der vernichtenden Diagnose vom Arzt kommt und am Telefon einen letzten vergeblichen Versuch unternimmt, Verbindung mit seinem Sohn Mitch herzustellen. Dieses zweite Motiv wird erstmals sehr dosiert im Vorspann eingesetzt, dann in gesteigerter Form, als Walt den Gran Torino pflegt und vor der Veranda wohlgefällig mit den Worten „Ain't she sweet" betrachtet, und mit noch größerem Gefühlsausdruck, als er später dem selbst in heftigem Regen unnachgiebig seinen Arbeitsdienst verrichtenden Thao zusieht und eine tiefe Zuneigung zu ihm spürt. Hier setzt auch erstmals der Gesang von Jamie Cullum ein. In der letzten Szene mit Walt geht dann nach den tödlichen Schüssen das erste Motiv unmittelbar in den Gran-Torino-Song über. Dieser begleitet schließlich in seiner vollen Länge von über sechs Minuten den ganzen Abspann, am Anfang von Clint Eastwood, danach wieder von Jamie Cullum gesungen.

## Gran Torino: Soundtrack[17]
**(von Kyle Eastwood, Michael Stevens, Clint Eastwood und Jamie Cullum)**

| NR. | TITEL | MOTIV | SZENE |
|---|---|---|---|
| 1 | Gran Torino Credits | II | Vorspann, geht über in die Geräusche aus der Kirche bei der Trauerfeier für Walts Frau |
| 2 | Son of a Bitch | I | Zusammentreffen mit Einbrecher in der Garage |
| 3 | Wax a Car | II | Walt pflegt und betrachtet das Auto |
| 4 | Broken Gnome | I | Walt greift ein, als die Gang Thao gewaltsam mitnehmen will |
| 5 | Confrontation, Bro | I | Walt stellt sich den Männern entgegen, die Sue bedrängen |
| 6 | Repair Montage | II | Thao bei der Arbeit, gräbt im Regen einen Baum aus |
| 7 | Father/Son Phone Call | II | Walt ruft Mitch an |
| 8 | Gangster Beatdown | I | Walt überwältigt ein Gangmitglied und spricht eine Drohung aus |
| 9 | Drive-By | I | Die Gang übt Rache und schießt auf das Haus der Lors |
| 10 | Sue Is Injured | I | Sue kehrt nach der Vergewaltigung blutüberströmt nach Hause zurück |
| 11 | The Fall | I | Walt stellt die Gang vor ihrem Haus und wird erschossen |
| 12 | Arrested | II | Walt liegt tot am Boden, die Gang wird verhaftet |
| 13 | Gran-Torino-Song | II | Thao fährt im Gran Torino am Seeufer entlang; Abspann |

----

17 https://www.youtube.com/watch?v=QuUunY8Tm5Y&index=1&list=PL456A79BB8D458034 (Stand Mai 2017). Bei dem Track „Father/Son Phone Call" enthält der Soundtrack eine feierlich-getragene Streicher-Version des Gran-Torino-Motivs, während im Film die Variante „Credits" zu hören ist.

Bedeutung des
Liedtextes

Wie die Melodie ist auch der Text des Liedes von melancholischer, lyrischer Schönheit. Themen und Motive des Films sind kunstvoll mit neuen Metaphern verwoben: der Haut, dem Wind, der Straße und dem glitzernden Sternenhimmel („sparkling"). Der Song ist wie vieles andere in dem Film ein Blick in die verletzte und wehmütige Seele Walt Kowalskis. Während einer nächtlichen Reise im Gran Torino durch die einsame Nacht kann der Fahrer seine „bitter dreams" nicht hinter sich lassen. Ein Bewusstsein der Vergeblichkeit wird in ihm wach. Trost und Linderung spenden ihm vorerst nur der Wagen („Engine hums and […] beats a lonely rhythm all night long") und die sanfte Brise, die durch das Fenster hereinweht. Aber in der Verzweiflung, die aus der Zeile „Oh! How I've known the battle scars and worn out beds" spricht, klingen Walts Traumatisierung durch den Krieg und die vielen schlaflosen Nächte an. Das Ich sehnt sich danach, endlich wirklich eins mit sich selbst zu sein („to belong in your skin"), den Schmerz hinter sich zu lassen und in den kleinen Dingen des Lebens („tiny things") Ruhe zu finden. Der Wunsch, dass die Konstellation der Gestirne sich noch einmal zu seinen Gunsten neu ordnen könnte („Realign all the stars above my head"), kontrastiert mit den nie nachlassenden Erinnerungen an die Narben und Leiden der Vergangenheit. Während Thao am Schluss in dem Gran Torino und zu den Klängen des Songs aus dem Film herausfährt, ist dieser Zwiespalt schon selbst Vergangenheit. Das Schlussbild ist der Beweis dafür, dass Walts Hoffnungen nicht vergebens waren. Es ist noch dasselbe Auto, aber es gleitet nicht mehr durch die Nacht mit einem Mann am Lenkrad, der sein Inneres vor der Welt verschlossen hat („bitter dreams grow heart locked in a Gran Torino"). Die milde Sommerbrise weht jetzt im hellen Sonnenschein, und das Steuer hat Walt einem anderen überlassen, der unbelastet in seine Zukunft fährt.

Jamie Cullum

Das ursprünglich für den Film geschriebene Lied führt als fester Bestandteil im Repertoire von Jamie Cullum schon längst ein Eigenleben. Am 31. Januar 2016 schloss er seinen in der WDR-Rocknacht übertragenen Auftritt bei den Leverkusener Jazztagen mit „Gran Torino" ab. Aus der Familienhistorie des 1979 in England geborenen Cullum ergeben sich Gemeinsamkeiten mit der Geschichte der vor Krieg und Verfolgung geflohenen Hmong. Väterlicherseits ist Cullum der Nachkomme deutscher Juden, die den Nazis entkommen waren, und seine halb indische und halb burmesische Mutter musste mit ihrer Familie Asien verlassen, als ihre Heimat im Zweiten Weltkrieg von den Japanern besetzt wurde. Musikalisch ist Cullum ein Grenzgänger zwischen Jazz, Singer/Songwriter und Pop.

### „Gran Torino" lyrics [18]
[*sung by Clint Eastwood*]

So tenderly your story is
nothing more than what you see
or what you've done or will become
standing strong do you belong
in your skin; just wondering

Gentle now the tender breeze blows
whispers through my Gran Torino
whistling another tired song

Engine hums and bitter dreams grow
heart locked in a Gran Torino
it beats a lonely rhythm all night long

---

18  Text von CULLUM, JAMES/Eastwood, Clint/Eastwood, Kyle/Stevens, Michael Christopher.
Copyright: Cibie Music / EMI Music Publishing Ltd / Robie Springs Music / Upward and onward /
Wallet Music / Warner Olive Music LLC / Warner-Barham Music LLC; Neue Welt Musikverlag
GmbH, Hamburg / EMI Music Publishing Germany GmbH, Berlin / Universal Music Publishing
GmbH, Berlin.

[*sung by Jamie Cullum*]
Realign all the stars above my head
warning signs travel far
I drink instead on my own
Oh! how I've known
the battle scars and worn out beds

Gentle now a tender breeze blows
whispers through a Gran Torino
whistling another tired song

Engines hum and bitter dreams grow
heart locked in a Gran Torino
it beats a lonely rhythm all night long

These streets are old they shine
with the things I've known
and breaks through the trees
their sparkling

Your world is nothing more than all the tiny things
you've left behind

So tenderly your story is
nothing more than what you see
or what you've done or will become
standing strong do you belong
in your skin; just wondering

Gentle now a tender breeze blows
whispers through the Gran Torino

whistling another tired song
engines hum and bitter dreams grow
a heart locked in a Gran Torino
it beats a lonely rhythm all night long

May I be so bold and stay
I need someone to hold
that shudders my skin
their sparkling

Your world is nothing more than all the tiny things
you've left behind

[repeat from „realign" to „all night long"]

„Gran Torino
beats a lonely
rhythm all night
long"
© akg-images /
Album / Double
Nickel Enter-
tainment / gerb

## 8. REZEPTION

**Unerwarteter Erfolg**

*Gran Torino* ist einer der erstaunlichsten Kinoerfolge aller Zeiten. Selbst seine Verleihfirma, die Warner Brothers, brachte dem Film wenig Vertrauen entgegen. Immerhin hatte er einen bereits 78-jährigen Hauptdarsteller, außerdem Laienschauspieler in anderen Rollen und einen für Hollywood-Verhältnisse geringen Produktionsetat von 33 Millionen Dollar. Die Dreharbeiten hatten nur fünf Wochen gedauert. Es wurde kaum dafür geworben, eine prestigeträchtige New Yorker Premiere gab es nicht, und es sollte sogar vier Wochen dauern, bis der Film nach seiner ersten Aufführung am 12. Dezember 2008 überhaupt landesweit vertrieben wurde. Zu diesem Zeitpunkt hatte sich schon herumgesprochen, dass man *Gran Torino* besser nicht versäumen sollte. Andererseits war es bereits zu spät, um den Film noch für die Oscar-Preisverleihung ins Rennen zu bringen, wo er dann auch leer ausging. Inzwischen hat der Film weltweit 270 Millionen Dollar eingespielt. Clint Eastwood, der trotz allen Starruhms immer ein Außenseiter im Filmgeschäft geblieben war, hatte es dem Establishment noch einmal gezeigt. Auch das ist eine der Geschichten, die Hollywood schreibt.

**Publikumserfolg und Kritikerlob**

*Gran Torino* war nicht nur ein Publikumserfolg, auch die Kritiker fanden überwiegend Lob. Wie zu erwarten, konzentrierten sich viele zunächst auf die Leistung von Regisseur und Hauptdarsteller Clint Eastwood und bemühten sich, den Film in sein Gesamtwerk einzuordnen. Peter Travers beschreibt ihn in *Rolling Stone* wie einen erlesenen Tropfen vom Hof eines erfahrenen und über alle Einwände erhabenen Winzers, der durch eine Kombination aus Originalität und Schnörkellosigkeit besticht:

„Tough has never been enough for Eastwood. It's a credit to the film's twist ending that Walt exorcises his demons without easy violence or bogus redemption. A lifetime in movies runs through this prime vintage Eastwood performance. You can't take your eyes off him. The no-frills, no-bull *Gran Torino* made my day."[19]

Mit dem Anfang zitiert der Autor einen Satz des Boxtrainers Frankie Dunn aus *Million Dollar Baby*, der so etwas wie die Essenz aus Eastwoods Entwicklung bildet: „tough ain't enough" – es reicht nicht, ein harter Mann zu sein, wenn Moral und Menschlichkeit fehlen. Dass er diese im Laufe einer langen Karriere schwer errungene Erkenntnis in *Gran Torino* wieder begreiflich macht, findet Anerkennung, zum Beispiel im *Wall Street Journal*: „It's a meditation, as affecting as it is entertaining, on the limits of violence and the power of unchained empathy."[20] Die Kritik in der *New York Times* erschien unter der Schlagzeile „*Hope for a Racist, and Maybe a Country*"[21]. Die Autorin Manhola Dargis empfiehlt den Film u.a., weil Clint Eastwood einer der wenigen Regisseure sei, der sich heutzutage überhaupt noch ernsthaft mit dem Zustand der Vereinigten Staaten auseinandersetze. Sie hat das Gefühl, dass *Gran Torino* ein melancholisches „Requiem" an ein Land ist, das schon lange nicht mehr mit sich selbst im Reinen sei, und sieht dieses Gefühl besonders in Walts Liebe zu seinem Wagen verkörpert:

---

19  Travers, Peter: *Gran Torino* (Film review). In: *Rolling Stone online*. December 25, 2008. http://www.rollingstone.com/movies/reviews/gran-torino-20081225 (Stand Mai 2017).
20  Morgenstern, Joe: „*Gran Torino" Is Perfect Vehicle for Eastwood*. In: *The Wall Street Journal online*. December 12, 2008. https://www.wsj.com/articles/SB122903795437199459 (Stand Mai 2017).
21  Dargis, Manhola: *Hope for a Racist, and Maybe a Country*. In: *The New York Times online*. December 11, 2008. http://www.nytimes.com/2008/12/12/movies/12tori.html (Stand Mai 2017).

„It was made by an industry that now barely makes cars, in a city that hardly works, in a country that too often has felt recently as if it can't do anything right anymore except, every so often, make a movie like this one."[22]

Manche empfinden es als Mangel, dass der Film sich zu sehr auf seinen Protagonisten konzentriert und anderen Charakteren daneben wenig Raum zur Entfaltung lässt. Auch wurden Teile der Handlung und einige Figuren gelegentlich für nicht glaubwürdig genug befunden. Die Rezensentin der *New York Daily News* kommt zu der Auffassung, dass Clint Eastwood sich hier am Ende seiner Laufbahn bloß noch einmal selbst zitieren und feiern wolle[23].

Vorwurf der Einseitigkeit und stereotypen Rollenverteilung

Schwerer wiegt der Vorwurf, dass der Film unterschwellig selbst rassistisch sein könnte. So würden Spiders Gang und die als Randfiguren auftretenden Hispanics und Schwarzen ganz dem Klischee vom kriminellen Ghetto-Bewohner entsprechen.[24] Tatsächlich sind in Hollywood Angehörige von Minderheiten in tragenden Rollen unterrepräsentiert und werden häufig nur als stereotype Charaktere besetzt (Gangster, Hausmädchen, Latin Lover, Edler Wilder usw.). Auch werden sie bei der Vergabe von Preisen regelmäßig übergangen, was zuletzt bei den Oscar-Nominierungen für das Jahr 2016 starken Unmut hervorrief[25]. Schließlich ist dies nicht der erste amerikanische Film, in dem Minderheiten nicht in der Lage sind, sich selbst gegen Übergriffe und Diskriminierung zur

--- --- ---

22  Ebd.
23  Weitzman, Elizabeth: *With „Gran Torino", nobody gangs up on Clint Eastwood*. In: *New York Daily News online*. December 11, 2008. http://www.nydailynews.com/entertainment/tv-movies/ gran-torino-gangs-clint-eastwood-article-1.356929 (Stand Mai 2017).
24  Vgl. u. a.: Ohne Autor: *„Gran Torino", White Masculinity & Racism*. In: *Racism Review online*. January 17, 2009. http://www.racismreview.com/blog/2009/01/17/gran-torino-white-masculinity-racism/ (Stand Mai 2017).
25  Gray, Tim: *Academy Nominates All White Actors for Second Year in Row*. In: *Variety online*. January 14, 2016. http://variety.com/2016/biz/awards/oscar-nominations-2016-diversity-white-1201674903/ (Stand Mai 2017).

Wehr zu setzen. Ein bekanntes Beispiel ist das Südstaaten-Drama *Mississippi Burning* (1988), in dem zwei weiße FBI-Agenten den Ku-Klux-Klan im Alleingang besiegen, während die erheblichen Beiträge der Schwarzen zur Bürgerrechtsbewegung weitgehend unterschlagen werden. Auch die Hmong in *Gran Torino* wirken schwach und wären ohne Walt verloren, was von einigen Kritikern als herablassend empfunden wird. Für Philip W. Chung ist der Film allerdings das Gegenteil von einer weiteren „,white man saves the day' story". Vielmehr gehe es Clint Eastwood hier weniger um die Rettung der Hmong, sondern vielmehr um eine kritische Sicht des Mythos vom überlegenen weißen Mann, der ihm selbst noch aus früheren Filmen anhafte:

Kontroversen als anregendes Moment

> „What Eastwood has really created is not a story about the white man saving the minority (though it can be read on that level and I'm sure some will) but a critical examination of an iconic brand of white macho maleness that he played a significant part in creating. Like Dirty Harry, Walt is a man who has committed acts of violence against people of color (Walt tells Thao that he killed at least 13 ,gooks' in Korea) but now realizes the world has changed and he must also either change or die."[26]

Wie viele andere Clint Eastwood-Filme ist also auch dieser wieder von Kontroversen umgeben, was einer der Gründe dafür ist, dass er so anregend wirkt. Heute hat *Gran Torino* einen festen Platz im Kanon der Kino-Klassiker, die fast jeder kennt.

---

26 Chung, Philip W.: *The White Man Saves the Day Again?* In: *Asian Week online.* December 31, 2008. https://web.archive.org/web/20090212154857/http://www.asianweek.com/2008/12/31/the-white-man-saves-the-day-again-clint-eastwood-in-gran-torino-2/ (Stand Mai 2017).

## 9. ENGLISH ABSTRACT

Clint Eastwood's film *Gran Torino* became an instant classic, when it was released in 2008. It is a combination of plain narrative elegance and complex themes such as social change in the post-industrial age, migration, racism, masculinity, war-related trauma and redemption. It invites audiences to reflect on how we want to live in the future in Western societies that increasingly seem to be drifting apart. *Gran Torino* won even more relevance with the election of a populist president in the US in 2016. The first half can be described as a preliminary study of the rage and discontent among the white working-class in America that contributed to Donald Trump's success while the second half offers an antidote to the hostile us-vs.-them mentality that has become so widespread as a result. The film has a protagonist who feels like a stranger in the once thriving and now run-down neighbourhood of his hometown Detroit. Walt Kowalski directs his anger against the Asian immigrants who have moved into the houses vacated by his white peers. However, after an unexpected turn of events, *Gran Torino* becomes a plea for active citizenship, tolerance, charity and gentleness. Walt's change of mind appears plausible because it is closely interwoven with Eastwood's own well-known development as an actor and director who was the quintessential "tough guy" earlier in his career but then grew increasingly sceptical of violence and easy solutions. The spirit of Dirty Harry Callahan and the other lonesome avengers that originally defined Eastwood's screen image still hovers above Walt Kowalski but at the end the character completely dissociates himself from it. *Gran Torino* retains its artistic value regardless of circumstances, but to anyone wanting to understand what is happening now in America this film will be of great benefit.

Clint Eastwood als Revolverheld in *Zwei glorreiche Halunken* (1966) © picture-alliance / Mary Evans Picture Library

## Background

**Clint Eastwood** (born in 1930 in San Francisco) has been an outstanding figure in the film business for over fifty years now, initially only as an actor but since the early 1970s as a director and producer as well. In the early stages of his career Eastwood was mainly associated with the Western genre which in its classic period glorified life in the frontier lands of the 19th century and was known for heroic characters who brought law and order to the wilderness. However, when Eastwood started making movies, filmmakers had already begun to portray life in the west more realistically, and protagonists in so-called alternative western movies like his mysterious bounty-hunter in Sergio Leone's *Dollars Trilogy* (1964−66) became ambiguous characters, difficult to classify as either good or evil. Until today, most of Eastwood's protagonists possess essential traits of the mythical Western hero like the rugged outsider charm and the stoic determination. At the same time the films subvert these elements as many of these men are also haunted by their pasts and in need of redemption. Clint Eastwood is probably the last film star who is entirely identified with what he represents on the screen. In the cinema as well as in his personal life he remains an "American Rebel". His characters usually resemble each other and are always played in the same minimalist style. Eastwood's charisma can largely be attributed to his imposing presence which is still highly effective at the age of 78 in *Gran Torino*.

Several years before the **"angry white men"** became a popular stereotype, the film illustrated the phenomenon by the example of a retired automobile worker from the Great Lakes region commonly referred to as the Rust Belt. The decline of manufacturing, the disappearance of well-paying jobs, population loss and urban decay in what was once America's industrial heartland has alienated many people from the political system, in particular white working-class men without a college education. Furthermore, many of these men feel disaffected because they believe that their whole traditional way of life and their masculinity are endangered by globalisation, feminism and the threat of gun control. Often they scapegoat groups who have little or nothing to do with their situation, especially immigrants, black people and homosexuals. Walt Kowalski also belongs to another group with a lot of potential for rage and hostility: war veterans who experienced extreme violence and have difficulties with reintegration into civilian life. In the course of events, though, Walt learns that an angry man will never find true relief through hate and building walls.

*Gran Torino* is set in **Detroit**, a city which epitomizes industrial decline and the crisis of the American working-class like no other place. For Walt Kowalski, there remain only nostalgic memories of the self-assured metropolis that was referred to as the Motor City and sometimes even as the "Engine of the World". In the middle of the 20th century, Detroit was an economic and cultural powerhouse, the country's fourth-largest city and home of the "Big Three" car producers Ford, General Motors and Chrysler. Today one usually associates unemployment, poverty and high crime rates with it. The population has decreased dramatically since the 1960s and broad swathes of land were laid bare turning parts of Detroit into the urban wasteland that can be seen in several scenes of the film. Detroit's decades-long decline is due to its too great dependence on just one industry, incompetent city administration but most of all racial segregation. In 1967, 43 people died when Detroit erupted with one of the worst race riots in American history. The film gives an inaccurate picture of the ethnic composition of today's Detroit where over 80 % of the population are African Americans, 10 % are white and only 1 % Asian Americans. The reason for drawing attention to Asian immigrants is the fact that

Walt's feelings of guilt originate in something he did in Korea. The finale with Thao cruising in the sunshine along the river in Walt's vintage Gran Torino offers both a reflection of Detroit's past (the car) and a vision of a revival of the city in the future.

## Thematic Elements

As most films by Clint Eastwood, *Gran Torino* explores the question as to what characteristics a man should have. It presents different forms of **masculinity** and has them compete with each other to see which ones are better suited to cope with challenges. At the beginning Walt represents traditional norms of male behaviour that stress values like autonomy, aggression, technological skill and toughness. He acts as a "white knight" who single-handedly comes to the rescue of the Hmong community. But under the pressure of events he makes mistakes. Walt finally realizes the destructive power that his actions also have and his understanding of his role as a man changes. At the end he successfully channels his energies into a more comprehensive form of masculinity that includes the capacity for empathy and parental care. It contrasts with most other forms of maleness in the film which are clearly deficient, especially Spider's "hypermasculinity". Walt's son Mitch appears weak as he has neither authority nor empathy.

Walt Kowalski is a member of the Catholic Church but he does not feel attracted to organized **religion**. For a long time, he tries to avoid the eager young priest who tries to help him after his wife has died. On the other hand, Walt feels a strong need for transcendence, i. e. for something that goes beyond the painful reality of his life. He finds redemption not through the church but by confessing his guilt to Thao, the boy who reminds him of the unarmed boy he killed in the Korean War and whom he gave the support and education he needs to find his place in American society. Walt transforms his Christianity into practical deeds of love and fulfillment of duties. He sacrifices his life and becomes a Christ-like figure in the end. Walt's deed closely connects *Gran Torino* with the national ethos of the United States and especially with the idea of a perpetual "rebirth of freedom".

The film also creates the vision of a successful intercultural dialogue. At the beginning it seems impossible to reconcile the world that is familiar to Walt and the one that is foreign to him. **The self and the other** appear to be two opposing extremes, but in a gradual process with three steps they move closer to each other. First Walt bluntly expresses his aversion to the Asian immigrants. He refuses contact with his new neighbours and addresses them only in the most hateful language. Sue, however, senses that there is a vulnerable creature inside the bitter old man. With her, Walt softens because she is master of a balanced style of communication that favours compromise. She succeeds in establishing a degree of understanding and mutual trust. Finally Walt realizes that the Hmong in many respects have more in common with him than his own family. Walt acknowledges that they and other recent immigrants have already left their mark on society and there will be no way back to the America of the past.

By befriending people in the Hmong community, Walt unintentionally challenges Spider and the members of his street gang. Between them a dangerous rivalry develops that leads into a dangerous **cycle of violence** and reprisals that reaches its highest level of escalation when the gang rapes Sue to take **revenge** on Walt and his new friends. Until shortly before the end, *Gran Torino* follows the patterns of the revenge movies which are so characteristic of the American cinema but the final showdown scene takes an unexpected turn. Walt does not kill the villains because that would only keep up the deadly cycle but instead finds a radical solution when he sacrifices his own life to end the violence and give new life to Thao, Sue and their family.

## Characters

Retired and recently widowed automobile worker **Walt Kowalski** is the dominant character in the film and also the only complex one. Walt's complexity derives to a large extent from the multitude of cultural, historical, psychological and social contexts he is connected with. In turn and/or simultaneously he is (a) one of the blue-collar "Angry white men" of the Rust Belt, (b) a misanthropist who learns to love people late in life, (c) a mediator between two worlds, (d) a teacher who introduces a troubled young immigrant to American manhood, (e) a saviour who sacrifices himself to protect the innocent and renew American ideals of freedom, (f) a veteran of an American war suffering from posttraumatic stress disorder, (g) a hero on a mythical journey during which he grows as a person and heals his wounds, (h) a tough Western hero. Walt is also a master of deception when at the end he tricks everyone into believing that his aim is to kill Spider and his friends.

**Walt's two sons** who are in their fifties, Mitch's wife Karen and his two grandchildren Ashley and Josh are more or less one-dimensional like all other characters apart from Walt himself. He never knew how to develop a close relationship to his sons and now it is too late to make up for the failures. Walt does not have sympathy for the boring and interchangeable lives which they lead in the leafy suburbs. He especially dislikes **Ashley** who is a caricature of a materialistic and self-absorbed teenager.

The Lor family are Walt's next-door neighbours and through them he finds the opportunity to wake up from his ordinary world of despair and suffering and pursue a quest that finally leads to his redemption from guilt. **Sue** is the only member of the family

CLINT EASTWOOD

who has really adapted to life in the United States. She is smart, spirited and sometimes sarcastic and she intuitively understands that despite his gruff demeanour Walt could be the right man to act as a mentor and father-figure for her troubled brother. **Thao** faces identity crisis and stress because he is torn between two cultures and there are no male role models for him in his environment. Walt prevents him from being drawn into his cousin Spider's violent street gang. He likes Thao's diligence and craftsmanship and his willingness to be of service to others. Under his new friend's guidance Thao finds his way in life and inherits Walt's Gran Torino which symbolizes that he has finally arrived in America.

## Narrative Strategies

*Gran Torino* narrates a story which intertwines two things: events, characters and conflicts which seem absolutely plausible to an average viewer within the framework of his real-life experiences. On the other hand there are elements as well which are hardly consistent with the real world. One would for example be hard-pressed to find an old man who single-handedly takes on and defeats a whole gang of young criminals. However we are used to such a combination of realism and myth and enjoy it if it is as well-made as in this case. Films like *Gran Torino* make the improbable seem probable because they want to apply timeless principles to current issues and challenges. Here it is the ancient **concept of "poetic justice"** which can also be found in Shakespeare's plays and in Dickens's novels. The underlying idea is the moral conviction that good people like the Lors should find shelter in times of distress, that someone like their guardian Walt deserves a reward and that evil people like Spider need to be punished. For an audience it is absolutely satisfying to see that the world is just, at least the one created by the cinema.

The film increases the audience's willingness to suspend its disbelief and accept the fictional universe by creating **"the unity of effect"** which is often also called **continuity** with regard to the cinema. That means that the plot is carefully constructed in a way that gives viewers the impression that they are not merely watching a film but are right in the midst of the action where nothing ever distracts attention. To achieve this unity of effect, *Gran Torino* uses a closed and linear plot structure and creates a tight sequence of cause and effect, i. e. everything happens because of something that happened earlier in the film. The plot is centered around a highly motivated protagonist who is facing seemingly insurmountable obstacles as he is hoping to achieve a compelling and well-defined goal. The unity of effect is also supported by a network of motifs. The most important motifs are the Gran Torino, Walt's rifle and his lighter.

Like many popular movies *Gran Torino* contains **external action** like fights and shootings as well as **internal (psychological) action** to keep the audience engaged. It also creates **suspense** to keep the energy level high. Intense internal action is omnipresent. Throughout the film, characters express anger, pain, fear and in some cases joy as well, but only sometimes their inner turmoil erupts into physical action which is restricted to a handful of short scenes, usually involving Spider's gang. Suspense is generated with the help of various techniques including a deadline that is established when Walt learns that he is terminally ill and there is only little time left for him to accomplish his goals. The climax or highest amount of suspense is reached when the hero dies giving the film an outcome that is inevitable and unexpected at the same time. Several **humorous or grotesque interludes** like the scene with Thao in the barber shop which has snappy dialogue, too, provide temporary relief from the emotional and dramatic tension.

## Visual Design

Clint Eastwood has a reputation for being a master of no-nonsense film directing, always making the most efficient use of camera, light, shadow, colour and editing to tell a story. *Gran Torino* brings together **two opposing visual ideas** which are carefully kept in balance. Whenever Walt is confronted with his feelings of pain, guilt and sadness, the film uses a characteristic expressive style which resembles the chiaroscuro style of Rembrandt's and Caravaggio's paintings with its strong contrasts between light and dark and its complex shadow play. This style is often used in combination with a production design that emphasizes bleakness and emptiness as in Walt's sparsely furnished house. In action scenes with angry characters confronting each other, the film also employs a shaky hand-held camera and it uses close-ups of body fragments to demonstrate how confused and disoriented the characters are. The other visual style is associated with Walt's transformation. A typical element of this style is the high-key lighting which feels soft and warm. There are longer takes, less camera movement and more medium and full shots. Here the production design favours peaceful surroundings: gardens, parks and carefully decorated rooms. In these scenes the film anticipates Walt's forthcoming redemption.

## Music

Like the visual design the music has **two opposite poles**. There is a military-sounding, percussion-based motif which announces and accompanies the dangers Walt needs to confront. It is also connected with Walt's war experiences. This motif features snare drum rolls supplemented by high string sounds for more dramatic intensity. The second motif is based on the melancholy title song. It expresses Walt's longing for healing and at the same time it is a farewell to the world in which Walt will not stay much longer anymore. The song as a whole can only be heard for the first time during the closing credits, sung at the beginning by Clint Eastwood until Jamie Cullum picks up. The lyrics are about a drive in a Gran Torino through a lonesome night. The song takes up themes and motifs from the film and links them with new ones, the most important ones being the "tender breeze" that comforts the driver and the hope offered by the sparkling of the stars in the night sky.

## Critical Reception

*Gran Torino* became one of the most unlikely success stories in film history. Warner Brothers who distributed it had not thought it worthwhile to put a lot of effort and money into the marketing of a movie that had a 78-year-old leading man, dealt with controversial issues and whose production had cost only (by Hollywood standards) 33 million dollars. Nonetheless, word got about quickly that *Gran Torino* is **a film not to be missed**. Until today it has earned 270 million dollars and it is generally recognized as a modern classic. Critics have praised it as the essence of Clint Eastwood's long career as a filmmaker and as a meditation on the futility of violence. Some also consider Eastwood as one of the few directors who still seriously deal with America and try to explore the state of the nation. In some cases, reviewers complained that it is focused so much on its protagonist that other characters hardly find room to breathe. There is also the more serious accusation that *Gran Torino* might contain racist messages itself because minorities are only presented in supporting roles. There are complaints that the Hmong in the film are either stereotypical gangsters or weak and helpless characters who need a white saviour to come to their rescue. Other reviewers do not share this view and mention that the film undermines the white macho culture that is an ideological basis of racism and that it reaches across racial barriers by introducing big audiences to a minority still widely unknown to most Americans.

# LITERATUR

Film:
**Gran Torino.** Warner Home Video, 2009 [DVD].

Übergreifende Darstellungen:
**Clayton, Brian B.:** *The Philosophy of Clint Eastwood.* The University Press of Kentucky: Lexington, Ky., 2014.

**Eliot, Marc:** *American Rebel. The Life of Clint Eastwood.* Harmony Books: New York, 2009.

**Girgus, Sam B.:** *Clint Eastwood's America.* Polity: Cambridge, 2014.

**Kimmel, Michael: Angry White Men:** *American Masculinity at the End of an Era.* National Books: New York, 2013.

**LeDuff, Charlie:** *Detroit: An American Autopsy.* Penguin Books: New York, 2014.

**Machuco, Antonio:** *Violence and Truth in Clint Eastwood's „Gran Torino".* In: *Anthropoetics, Vol. 16, no. 2 (Spring 2011).* Im Internet: http://anthropoetics.ucla.edu/ap1602/1602machuco/ (Stand Mai 2017).

**Sterritt, David:** *The Cinema of Clint Eastwood. Chronicles of America.* Wallflower Press: New York, 2014.

**Sugrue, Thomas J.:** *The Origins of the Urban Crisis. Race and Inequality in Postwar Detroit.* Updated edition. Princeton University Press: Princeton, N. J., 2014.

**Vaux, Sara Anson:** *Light and Sight in Clint Eastwood's „Gran Torino".* In: *Vaux, Kenneth L. u. K. K. Yeo [Hrsg.]: The Theology of Light and Sight. An Interfaith Perspective.* Wipf & Stock: Eugene, Oregon, 2011. S. 102–112.

Rezensionen:

https://www.rottentomatoes.com/m/gran_torino/
http://www.metacritic.com/movie/gran-torino

→ Beide Internet-Dienste sammeln Links zu Rezensionen
aus den wichtigsten Zeitungen, Magazinen und Blogs
(Stand Mai 2017).

Filmanalyse:

**Boggs, Joseph M. u. Dennis W. Petrie:** *The Art of Watching Films.*
7. Aufl., McGraw-Hill: New York, 2008.

**Krützen, Michaela:** *Dramaturgie des Films. Wie Hollywood
erzählt.* Fischer: Frankfurt/Main, 2004.

**Munaretto, Stefan:** *Wie analysiere ich einen Film? Das Standardwerk zur Filmanalyse.* C. Bange: Hollfeld, 2014.